과학학습
개념변화

과학학습
개념변화

초판 1쇄 인쇄 2015년 7월 25일
초판 1쇄 발행 2015년 7월 30일

지은이 이선경
펴낸곳 서울대학교출판문화원
펴낸이 성낙인

책임 편집 정미경
디자인 장혜원

출판등록 제15-3호

주소 151-742 서울 관악구 관악로 1
대표전화 02-880-5252 | **팩스** 02-888-4148
마케팅팀(주문상담) 02-889-4424, 02-880-7995
이메일 snubook@snu.ac.kr
홈페이지 www.snupress.com

ISBN 978-89-521-1707-6 93370

이 저서는 2011년도 정부(교육부)의 재원으로 한국연구재단의 지원을 받아 연구되었음(NRF-2011-358-B00034).

일상생활과 과학수업에서
개념의 간극과 그 개념의 변화를 설명하다

과학학습
개념변화

이선경 지음

서울대학교출판문화원

Conceptual Change in Learning Science

Sun-Kyung Lee

Seoul National University Press

머리말

학습과 학습자에 대한 과학교육의 연구를 통해, 아동은 어려서부터 자연 현상을 경험하면서 나름대로의 개념을 형성한다. 그 개념은 과학적 개념과 다를 수 있고, 학습을 통해서도 잘 바뀌지 않는 매우 안정된 특성을 보인다고 알려져 있다. 학생들이 수업시간에 학습을 통해 과학적 개념을 획득하였다 하더라도 일시적일 수 있으며, 성인이 되면 옛 개념으로 회귀하는 경우가 많다. 더 나아가 학생들의 개념은 학교에서 배운 개념과 공존하여 상황에 따라 적용하는 데 갈등을 느끼지 않는 경우도 있다. 이는 교사의 질문이나 시험과 같은 평가 상황에서는 학교에서 배운 개념을 사용하는 반면, 일상의 현상을 이해하고 설명할 때는 자신의 비과학적 개념을 이용하는 특징으로 드러난다. 이처럼 수업에 임하기 이전에 경험을 통해 자리 잡은 개념은 나름대로의 개념체계를 형성하여 쉽게 변화하지 않는 특성이 있다. 개념 변화는 매우 어려운 과정이다.

개념 변화가 과학 수업의 목적이 될 때, 교사는 여러 가지를 고려해야 한다. 우선, 과학 개념의 본질과 관련된 문제다. 예를 들면, 개념이 무엇인가? 아동의 과학 개념은 어떤 특성을 갖는가? 아동의 과학 개념과 과학자의 개념은 어떻게 다른가? 등과 관련된 것이다. 다음으로, 과학을 학습하는 것과 관련된 문제다. 과학의 본질은 무엇이며, 교과로서의 과학의 본질은 무엇일까? 아동이 과학을 배운다는 것은 어떤 의미일까? 과학 개념의 본질을 바탕으로 과학 학습은 어떻게 이루어져야 하는가? 등과 관련된 것이다.

이러한 질문은 아동의 개념 변화가 어려운 과정이라는 인식이 확산됨에 따라, 과학 개념 변화 연구에서 초점을 달리하며 꾸준히 제기되어왔다. 이 질문과 관련하여 과학 철학과 학습 심리학의 지적 전통으로부터 도움을 받았고, 과학 학습자의 개념 변화에 관한 경험적 연구 결과를 기반으로 개념 변화 연구가 발전해왔다.

이 책은 1970년대 후반부터 활발하게 전개된 개념 변화 연구 전통들이 다루어온 개념 변화의 이론과 실제에 관한 다양한 논의를 다루었다. 개념과 학습에 대한 이론적 배경, 과학 문화에 편입하는 것으로서의 개념 학습, 다양한 개념 변화 연구의 흐름을 큰 틀에서 살펴보았다. 이와 더불어, 개념 변화 연구 흐름과 다른 맥락에서 학생들의 개념 학습을 다루는 모형 기반 추론을 탐색하고, 개념 변화 연구와 모형 기반 추론 연구의 공통 논리와 차이점을 다루었다. 마지막으로, 그동안의 개념 변화 연구가 관심을 가졌지만 소홀히 다루었던 발견의 맥락과 감정적 영역을 통합하는 것으로서 대안적 개념 변화의 통합 이론을 제시하고자 하였다.

이 책이 과학 개념 변화에 관심을 가진 다양한 독자층에게는 개념 변화로서 보는 과학 학습의 틀과 기초적 정보를 제공하고, 학부생 및 연구에 입문한 대학원생에게는 체계적 학습 자료로서 기능할 수 있기를 바란다. 또한 개념 변화에 관심을 가진 학술 연구자들에게도 개념 변화 연구의 흐름을 파악하고 새로운 논제를 제기하고 연구 계획에 참고할 수 있는 자료가 되기를 바란다.

2015년 7월

이선경

차례

1부

개념에 관한 다양한 관념

1장

개념이란 무엇인가?

'개념은 무엇인가?'라는 질문은 애매하고 막연하다.

개념의 정의는 존재하는가?

개념을 명확하게 정의하는 일이 가능한가?

개념은 어떤 역할을 하는가?

개념의 기능은 무엇인가?

이러한 질문은 이 책의 전반에 걸쳐 반복해서 등장할 것이다. 이에 대한 답을 얻기 위해, 이 장에서는 개념 변화의 연구 전통에서 다루어온 개념의 의미는 무엇인지, 일상적으로 사용하거나 혹은 심리학과 같은 다른 연구들에서 사용하는 개념의 의미와는 어떤 차이가 있는지, 또 개념은 어떤 역할을 하는지 등을 살펴볼 것이다.

과학교육에서 개념을 이해하는 일은 한두 문장의 정의만으로는 충분하지 않다. 이는 '개념'이라는 용어가 갖는 의미가 구체적이고 물질적이기도 하며, 동시에 추상적이고 비물질적이기도 하기 때문이다. 또, 개념의 복잡하고 맥락적인 성격 역시 개념을 명확하게 정의하기 어렵게 하는 이유 중 하나다. 특히, 과학 개념은 현상과 관련된 과학 문화와 역사 속에서 발달해왔기 때문에 과학이라고 하는 맥락의 특성을 고려해야 한다. 이에, '개념'의 부분적 정의를 검토하면서 그 실체에 접근하는 것이 필요할 수도 있다. 따라서 이 장에서는 개념, 특히 과학적 개념의 정의에 관한 다양한 관념을 다각도로 접근하여 의심하고, 그럴듯한 이해를 위한 설명을 시도해봄으로써 개념이 무엇인지를 파악해보려 한다. 우선, 과학교육에서 개념과 관련하여 논의되어온 관념을 몇 가지 열거해보면 다음과 같다.

- 개념의 형태는 다양하다.
- 개념은 개인적 속성을 가진다.
- 개념은 개별적이고 독립적이다.
- 개념은 신념과 같다.
- 개념은 위계적이어서 일정한 위상을 가진다.
- 개념(concept)과 개념(conception)은 같다.
- 개념은 단어와 일대일로 대응한다.
- 개념은 내적 표상이다.
- 개념은 사고의 대상이다.

위의 개념과 관련된 다양한 관념에 대한 논의는 개념을 다양한 관점과 방식으로 바라보게 해준다. 따라서 주어 개념에 대한 우리의 이해를 정합적이고 일관성 있게 구성하도록 도와줄 것이다. 앞서, '개념은 무엇인가?'라고 질문한 것은 개념의 실체, 즉 존재론적 위상에 관한 질문이다. 또 '개념의 정의는 존재하는가?' 아니면 '개념을 명확하게 정의하는 것이 가능한가?'의 질문도 개념의 존재론적 위상과 관련된 것이다. 이에 대한 대답은 개념 변화 연구에서 사용해온 개념의 다양한 의미를 추적해 살펴봄으로써, 그리고 일상적 개념의 의미와 다른 연구 전통에서 사용하는 개념의 의미를 비교해봄으로써 가능할 것이다. 따라서, 위에 열거한 관념들을 다루면서, 개념과 관련된 다양한 부분적 정의에 대해 과학교육과 관련된 학문적 전통에서 제공해온 이해, 비판 및 의미를 점검해보기로 한다.

• 개념의 형태는 다양하다

전통적인 개념 변화의 연구에서는 개념적 지식을 '개념'이라고 부른다. 개념은 환경에 대한 학습자의 정신적 구인[1]이며, 개념 생태 내에서 다른 개념 혹은 구인과 연결되어 있다. 이러한 점에서 학습자의 환경은 한 개념이 무엇인가를 정의하는 데 중요한 역할을 한다. 학습자가 거대하고 복잡한 환경의 일부분에 의미를 구성하려고 한다면, 개념은 더욱 거대하고 복잡해질 수밖에 없다. 반대로 학습자가 비교적 구체적이고 단순한 것에 정신적 구인을 세우려 한다면, 개념은 비교적 구체적이고 단순해질 것이다. 더욱이, 학습자는 환경의 추상적인 요소든 구체적인 요소든 둘 중의 하나에 대한 개념을 유지하려 할지도 모른다. '힘', '의자', '원자', '진화'는 모두 개념이다. 각 개념은 저절로 다른 개념을 포함한다. 예를 들면, '원자'는 '양성자', '중성자', '전자'로 구성되어 있다.

• 개념은 개인적 속성을 가진다

전통적인 개념 변화의 연구에서 학습은 구성주의 관점으로 이해

1 구인(construct)은 원칙적으로 관찰될 수 없으나, 관찰될 수 있는 속성이나 조작적 정의에 의해 표현될 수 있는 개념을 의미한다(권재술 외, 2000).

된다. 구성주의는 개인적 측면을 강조하는 급진적 구성주의로부터 사회적 측면을 강조하는 사회적 구성주의에 이르기까지 넓은 스펙트럼을 갖고 있다. 종합적으로 볼 때, 구성주의에서 학습은 사회적 상호작용과 동의(agreement)의 맥락에서 발생하는 개인의 능동적인 의미구성 과정을 뜻한다. 이 과정을 통하여 학습자는 일관성 있고 유용한 지식을 구성하며, 비교적 안정된 신념 체계를 생성한다. 즉, 개인의 의미구성 과정은 개인적 차원뿐 아니라 다양한 사회적 경험에 영향을 받기 때문에, 개인이 구성하는 지식은 완전히 개인적인 것은 물론이고 고유한 것도 아니라는 것이 구성주의의 견해다.

• 개념은 개별적이고 독립적이다

개념이 개별적이고 독립적으로 존재한다는 주장은 개념이 하나의 사물 혹은 단어와 필요충분조건을 갖추고 있다는 관점에서 타당하다. 그러나 개념은 다른 개념들 및 사례들과 복잡하게 연결됨으로써 그 연결 의미가 있기도 하다. 개념 구조가 밀접하게 상호 연관된 사실과 신념의 집합이라면, 단일 개념을 분리해내는 것은 지극히 어려운 일이 될 수 있다(신현정, 2011). 예컨대, 손가락은 손이나 팔에서, 손톱은 손가락에서 의미가 있는 것이지 전적으로 독립된 개념이라고 보기는 어렵다. 또한, 개념들이 설명적 관계에 포함되어 있다면, 그 설명을 기반으로 하여 상호작용을 통해 의미가 있다고 보아야 한다.

이와 관련하여, 개념 변화 모형은 학습자의 개념이 생물학적 은유인 개념 생태를 이루고 있다고 주장한다(Posner et al., 1982). 툴민은 그의 저작 *Human Understanding*에서 '지적 생태'라는 용어를 처음으로 사용하여 과학적 개념이 생태적 적소(ecological niche)를 차지하고 있는 것으로 설명했다(Toulmin, 1972). 생태는 생물학의 한 분야인 생태학적 용어로 공간(house)과 구조(home)로 구성된다. 공간(house)은 생물이 생존하는 물리적 · 외형적 공간을 뜻하며, 구조(home)는 일정한 공간 내에 있는 모든 구성원과 구성원들 간에 일어날 수 있는 유기적 관계를 총망라하는 상호작용의 기능적 차원을 의미한다. 한 생물은 그 생물을 둘러싸고 있는 물리적이고 생물적인 환경과 작용 · 반작용의 상호작용을 통해 현재 상태를 가진다. 따라서, 어떤 나무가 나타내는 현재의 상태를 설명하려면 환경적 요소를 종합하여 그 상태를 만족하는 필요충분조건을 파악할 필요가 있다. 이때 생물의 성장에는 환경적 요소 중에서도 특히 중요한 요인이 존재한다. 예를 들어, 식물이 성장할 때 빛과 물이라는 요인은 그 어떤 요인들보다 중요한 환경적 요소로 작용한다.

생물학에서 한 개체는 적소를 차지하고 있다고 본다. 적소는 한 개체가 차지하고 있는 물리적 · 기능적 공간을 다 합친 추상적 공간을 일컫는다. 세상에 존재하는 어떤 두 개체도 동일한 적소를 차지하고 있지 않으며, 적소가 겹치면 하나의 개체가 적소를 차지할 때까지 경쟁이 일어난다. 개체는 자기의 공간을 확보하려고 하며, 환경과 맞지 않을 때는 환경에 맞춰서 변화해야 한다.

이들 생태학적 용어를 학습에 비유하자면, 개체는 개념에 대응되고 개체가 차지하고 있는 공간인 적소는 그 개념이 형성되고 있는 지적 환경이라고 할 수 있다. 하나의 개체가 자신을 둘러싼 환경과 주고받는 상호작용은 개인의 개념이 그 개념을 둘러싼 지적 환경과의 상호작용을 말하며, 이러한 상호작용을 '개념 생태'라고 한다. 이처럼 개념은 복잡한 구조로 존재하므로, 개념 생태를 통하여 과학적 개념과 이론이 어떻게 과학 공동체 또는 개인에게 수용되는지를 설명할 수 있다. 또한 개념 생태는 오개념이 어떻게 의미를 구성하며 변화에 저항하는지를 설명하기 위한 틀로서 기능할 수 있다.

• 개념은 신념과 같다

개념은 신념과 같은 것인가? 급진적인 개념의 변화는 종교적 개종과 같은 신념의 변화라고 할 정도로 개념과 신념은 밀접하게 연관되어 있다. 또, 지식의 다른 의미를 '우리가 안다고 여기는 것'이라고 할 때, 신념은 지식에 포함될 수 있다(Ball, 1996). 그러나 지식과 달리, 신념은 증거에 의해 뒷받침되기도 하고 아니기도 하며, 정적이고, 감정과 연계되어 있고, 체계를 가진 것으로 묘사되며, 삽화적(에피소드적)으로 발전한다(Pajares, 1992). 신념은 정서적이고 평가적인 기능을 하면서, 정보를 받아들이는 필터로 작용하여 지식이 어떻게 사용되고 조직되고 재발견되는지에 영향을 미친다. 이러한 의미에서 지식과 신념은 구분할 수 있는 것처럼 보이지만, 실제로 그 경계가 모호하다(Gess-Newsome, 1999). 전통적인 개념 변화 연구에 따르면, 신념은 중심 개념을 둘러싼 개념 생태의 요소로 다룬다. 개념 생태의 요소는 개념을 둘러싼 지적이고 동기적인 환경의 일부로서, 개념이 안정되거나 변화하는 데 영향을 미친다. 예를 들어, 개념 생태의 지적 환경으로서 형이상학적 신념이 존재하는데, 형이상학적 신념은 우주의 본성에 대한 신념, 자연과 과학의 관련성에 대한 신념 · 존재 · 시공간 · 물질에 대한 기본적인 신념으로 정의된다.

그 외에 전통적인 개념 변화 연구에서 중요하게 인지한 동기적 신념은 사고와 학습에 대한 신념으로 초인지의 한 형태다(Pressley et al.,

1997). 예를 들어, 교과에 대한 동기적 신념은 특정 교과를 학습하는 중에 지적 활동을 촉진하거나 억제하는 데 지배적인 영향을 미치는 신념으로 정의한다. 어떤 학생이 물리 학습에 대한 동기적 신념이 낮을 경우, 물리적 개념을 다루는 교사의 설명에 집중하지 못하여 물리적 개념을 이해하기 어려울 수 있다. 즉 형이상학적 혹은 동기적 신념은 개념과 같은 위상은 아니지만, 개념의 이해를 돕거나 방해하는 데 결정적인 영향을 미치기도 한다.

• 개념은 위계적이어서, 일정한 위상을 가진다

전통적인 개념 변화 연구에서 개념 변화 모형은 개념 변화에 영향을 주는 두 가지 요소로 '개념의 위상(status of a conception)'과 '개념의 생태(conceptual ecology)'를 상정한다. 그중 개념의 위상은 새로운 개념의 이해 가능성, 믿을 만함, 유용성, 그리고 현재 개념에 대한 불만족한 조건들이 충족된 정도를 의미한다.

개념 위상의 첫째 조건인 '새로운 개념의 이해 가능성'은 개념이 논리적으로 적합한가와 관련이 있다. 학습자가 어떤 개념을 이해할 수 있다는 것은 그 개념의 의미가 무엇인지를 알고 일관성 있게 표현하며, 그 개념이 진실이라고 믿지 않더라도 내적 일관성이 있음을 알아야 한다는 것을 의미한다(Hewson & Hewson, 1984). 개념은 이해 가능성의 기준으로 표현(학습자가 개념을 표현하는 방법을 알 수 있는가?)과 내적 일관성(학습자는 개념이 내적으로 일관성이 있다는 것을 알 수 있는가?)이 분석 가능하다(Thorley, 1990). 예를 들어, 학습자가 개념이 의미하는 바를 알고 자신의 언어로 설명할 수 있거나, 사례를 제시할 수 있거나, 그림 또는 개념도를 사용하여 다른 사람에게 표현할 수 있다면, 학습자는 그 개념을 이해하고 있다고 볼 수 있다.

개념 위상의 둘째 조건인 새로운 개념의 '믿을 만함'은 학습자가 새 개념의 진실성을 믿을 때 확보된다. 개념이 믿을 만하다는 것은 학습자에게 심리적으로 의미가 있다는 것을 뜻한다. 하지만 믿을 만한 개념이 모두 일반적으로 진실로 받아들여진다는 의미는 아니며, 개인적인 속성을 가진다고 할 수 있다. 즉, 학습자가 그 개념이 현실세계에서 사실일 수 있다는 믿음에 대한 이유를 갖거나 특정 현상을 설명하는 데 사용될 수 있다고 믿으면, 믿을 만하다고 한다. 믿을 만함의 기준으로 개념이 학습자에게 심리적으로 의미가 있는지, 문제를 해결할 능력이 있는 것처럼 보이는지, 그리고 다른 개념 및 경험과 일치하는지가 될 수 있다(Thorley, 1990). 예를 들어, 뉴턴의 운동 이론에 관한 내용을 읽을 때, 책에서 제시하는 운동 개념이 독자가 가진 세계에 대한 일반적인 생각과 일치하고, 물체가 왜 운동하며 어떻게 운동하는지에 대한 구체적인 생각과도 일치한다면, 그 개념은 독자에게 믿을 만함의 조건을 충족한다(Hewson & Hewson, 1984). 개념의 믿을 만함은 변칙 사례에 대하여 중요한 역할을 한다. 현재 개념의 믿을 만함은 변칙 사례를 거부할 것이며, 새 개념의 믿을 만함은 변칙 사례를 받아들이고 현재 개념을 거부할 수 있는 근거를 마련할 수 있기 때문이다.

개념 위상의 셋째 조건인 '새로운 개념의 유용성'은 새로운 개념이 다른 문제 혹은 다른 상황에 적용할 수 있음을 의미한다. 새 개념이 유용성의 조건을 만족하는 경우는 다양하다. 새 개념이 변칙 사례를 해결하고, 과거 경험을 설명하며, 특정 사례들을 포함한 일반적 현상에 적용 가능하면 유용성의 조건을 만족하게 된다. 예를 들어, 힘과 운동 개념에 몰두하고 있는 학습자가 새로운 개념을 이용하여 이전보다 더욱 설득력 있고 예견력 있는 설명을 할 수 있다면, 그 개념은 학습자에게 유용성의 조건을 만족한다(Hewson & Hewson, 1984).

새로운 개념이 더 유용할 때 이전 개념이 완전히 사라지지는 않더라도 새로운 개념에 밀려나고, 학습자는 문제 상황에서 새로운 개념을 적용하게 된다. 유용성의 기준으로는 개념이 현실의 상황이나 여러 가지 다른 상황에 잘 적용되는가, 학습자가 그 개념이 유용한 이유를 인식하고 있는가, 다른 개념보다 더 좋은 개념처럼 보이는가 등이 될 수 있다(Thorley, 1990). 나아가 두 가지 '외적' 기능—새 개념이 일반적으로 그 분야의 일부로 여겨지는가, 새 개념이 학습자가 존경하는 인물이 믿는 개념인가—도 유용성의 조건을 충족하는 동기가 된다고 하였다.

개념 위상의 마지막 조건인 '현재 개념에 대한 불만족함'은 한 개념이 학습자의 개념 생태에 맞지 않을 때 나타난다. 현재 개념의 불만족은 초기 개념 변화 모형에서 개념 변화의 조건에 가장 기본적인 전제로 인식되었다. 예를 들어, 개념이 학습자의 형이상학적 신념에 맞지 않거나 과거 경험을 해석할 수 없을 때 불만족의 원인이 된다. 동일한 현상에 대해 A 개념은 이해 가능하지만 그럴듯하지 못한 반면에, B 개념은 이해 가능함과 동시에 그럴듯함의 조건을 충족한다면, B 개념이 A 개념보다 더 높은 위상을 차지하게 된다. 학습자가 B 개념을 다른 문제 상황에 적용하면, 그 개념은 유용성의 조건까지도 만족하고, 상대적으로 A 개념은 불만족한 조건을 갖게 된다. 이 경우, A 개념의 위상은 하강하고 B 개념의 위상은 상승하며, 학습자의 개념은 낮은 지위를 갖는 A 개념에서 높은 지위를 갖는 B 개념으로 변화가 일어난다.

그러나 개념 위상의 변화는 항상 상호 교환적이지는 않다. 예를 들어, 동일한 현상에 대한 개념들이 함께 존재하고 일상적인 맥락이나 과학적 맥락에 따라 적절한 개념이 활성화되기도 한다. 그럴 경우, 특정 맥락에서 적절한 개념의 위상이 높아지고 적절하지 못한 개념의 위상은 낮아질 것이다. 또한 맥락이 바뀌면 개념의 위상은 뒤집힐 것이다.

• 개념(concept)과 개념(conception)은 같다

개념의 사전적 의미를 살펴보면, 국어사전에서는 "하나의 사물을 나타내는 여러 관념 속에서 공통적이고 일반적인 요소를 추출하고 종합하여 얻은 관념"이라고 정의하고 있다. 또 서울대학교 교육연구소(1994)에 따르면 국어사전에서와 마찬가지로, "개념은 사고나 판단의 결과로서 형성된 여러 생각의 공통된 요소를 추상화하여 종합한 보편적인 관념을 일컫는다"고 밝히고 있다. 이처럼 개념은 추상적이고 보편적인 관념이라고 정의될 수 있지만, 과학교육에서 개념의 의미는 크게 두 가지로 구분된다.

'과학교육론'에 따르면, 개념의 영어 표기는 concept와 conception의 두 가지지만, 그 의미에는 상당한 차이가 있다고 기술한다(권재술 외, 2000). 즉 'concept'은 객관 개념으로, 'conception'은 주관 개념으로 구별하고 있다. 'concept'은 일반적으로 사용하는 개념의 의미를 나타내는 말로서 공인된 속성을 의미하는 반면, 'conception'은 사람의 인지구조 속에 있는 정신적인 표상을 의미한다는 것이다. 엄밀히 따지면 concept도 정신적인 표상임에는 틀림없으나 conception이 개인적인 것이라면, concept는 많은 사람에 의해서 합의에 도달하여 객관화된 것이라고 할 수 있다. '질량'이라는 개념을 예로 들어 보자. 뉴턴이 제안하고 대부분의 과학자가 받아들이고 있는 '질량'이라는 개념은 유일하고 객관적인 개념(concept)이지만, 뉴턴이 제안한 질량을 학습하는 학생들이나 가르치는 교사의 머릿속에 있는 '질량'은 사람마다 다른 개인 개념(conception)이 된다.

공적 개념(concept)과 달리, 개인 개념의 의미가 있는 개념(conception)은 구인(construct), 생각(notion), 관념(idea), 개체(identity), 오개념(misconception) 등의 여러 가지 용어와 혼용되며, 구체적이고 개인 특유의 경험적 사례, 감정 등의 요소들과 연관되어 있다. 예를 들어, '의자'는 공적으로 사전적인 의미가 있지만, 개인에 따라서는 경험 및 감정적 차원까지도 결합되어 있다. 의자는 공부할 때 책상 앞에 앉기 위해 사용하는 것이라는 개념을 가진 학생이 있는 반면에, 다양한 크기, 모양, 소재를 가진 하나의 인체공학적인 예술 작품으로 생각하는 학생도 있을 것이다. 또한 강압적으로 의자에 앉아서 공부하기를 강요받은 경험이 있는 학생은 의자라는 개념에 반사적으로 '싫다'라는 감정적인 요소가 결합되어 있을 수도 있다.

이와 같이 개인 개념(conception)은 공적 개념(concept)과 달리 개인의 경험과 지적 작용에 따라서 다양한 의미가 있다. 그러므로 개인 개념은 지적 환경 내에서 하부 개념들을 포함하거나 다른 개념들과 연관되어 의미를 나타내며, 감정 또는 정서와 사회문화적인 맥락에서 존재하게 된다.

• 개념은 단어와 일대일로 대응한다

개념과 단어는 밀접하게 연관되어 있다. 개념은 대부분 단어나 구로 표현할 수 있으며, 대부분의 단어는 개념을 지칭하는 상징으로 작용한다. 그러나 이 둘은 구분되는데, 개념은 세상에 존재하는 대상범주에 관한 비언어적 심적 표상으로서, 단어 자체가 개념은 아니다. 단어가 갖는 의미가 세상과 연관되어 있는 것이다. 단어와 개념의 관계에 대해 가장 단순한 생각은 '단어=개념'이라고 보는 것이다(신현정, 2011). 토마스 쿤(Thomas Kuhn)이 『과학혁명의 구조(*The Structure of Science Revolution*)』에서 과학 활동을 설명하기 위해 창안한 용어인 '패러다임'은 현재 최소 21가지 사용 예가 밝혀져 있다. 이는 특정 단어가 의미 지표로서 하나의 개념에 대응하지 않는다는 대표적인 사례다.

비트겐슈타인은 '친족유사성(family resemblance)'이라는 용어를 사용하면서 우리가 사용하는 개념 대부분은 정의할 수 없다고 주장했다(Wittgenstein, 1968). 예를 들어, 중의어와 다의어는 단어와 개념의 일대일 대응이 되지 않는다. 단어 '사과'는 과일의 한 종류일 수도 있고, 또 잘못에 대한 용서를 구하는 의미일 수도 있다. 또한 비언어적 표상으로서의 개념은 단어로 존재하지 않기도 한다. 특정 개념이 그림이나 이미지로 표상되어 어떤 의미를 표지한다면, 단어와 일대일로 대응하지 않는 경우에 해당한다. 즉, 개념은 의미를 표지하는 것으로서 단어로 표현될 수도 있고 그렇지 않을 수도 있다.

• 개념은 내적 표상이다

칸트(I. Kant)는 개념을 이해의 범주, 즉 경험을 구성하는 내적 속성으로 보았다. 칸트의 관점을 적용하면, 개념은 사물이나 사건에 대한 심적 표상(mental representation)으로서 우리가 세상을 이해하는 방식이다. 한편, 개념에는 두 종류가 있다고 보는 견해가 있다(Thorley, 1990). 하나는 개인이 세계의 일부 측면을 내적으로 구성하는 정신적 구인(construct)이고, 다른 하나는 정신적 구인을 만들 수 있는 외적 표상(representation)이다. 외적 표상은 학습자의 언어, 그 언어의 구사력, 가용한 비유, 실례, 그리고 생각을 전달하기 위해 필요한 다른 요소에 의해 제한된다. 즉 의사소통 과정은 외적 표상을 통해 이루어지며, 그 의미는 개인적으로 구성되는 개념으로 존재한다고 본 것이다.

인간은 언어를 매개로 하여 의사소통을 한다. 언어는 단어로 이루어지며, 단어는 그 단어를 사용하는 공동체가 규정한 의미가 있다. 동일한 언어를 사용하는 화자가 다른 사람과 의사소통하기 위해 사용하는 것은 본질에서 개념이 아니라 개념이라 불리는 기호로서의 단어다(Klausmeier, 1990). 단어에는 다양한 의미가 포함되어 있지만, 특정 학문 분야의 전문가들이 사용하는 단어와 연관된 의미로서의 개념은 공통적이다.

개념의 속성이 정적인가 역동적인가와 관련하여, 철학자들의 개념관은 변화를 겪어왔다. 플라톤(Platon), 아리스토텔레스(Aristoteles), 데카르트(R. Descartes), 홉스(T. Hobbes), 칸트는 개념의 조건이 추상적이며, 이성이나 감각에서 직접 어떤 지식을 얻을 수 있다는 정적인 개념관을 갖고 있었던 반면, 19세기에 이르러서는 헤겔(G.W.F. Hegel)을 위시한 여러 철학자가 개념의 역동성을 강조하였다(Thagard, 1992). 개념의 역동성을 주장한 철학자들은 개념을 학습되고, 열려 있는 정신적 속성을 갖는 것으로 보았다.

• 개념은 사고의 대상이다

개념은 사고의 기본 단위다(신현정, 2011). 수많은 경험 자극에 직면하게 되는 복잡한 상황에서 일차적 과제는 경험을 의미 있고 심리적으로 대처할 수 있는 단위로 분할하는 것이다. 이것이 바로 개념이 가지고 있는 일차적인 기능이다. 그런 의미에서 인간은 개념을 가지고 사고하는 것이다. 더욱이 개념은 사고의 대상이 되기도 하는데, 이는 초개념적 행위에 해당한다(Thorley, 1990). 학생들이 수업에서 특정 현상이나 현상 체계를 다르게 설명할 때, 학생들이 설명을 제시하고, 여러 설명을 비교 · 대조하고, 주장하면서 하나 또는 다른 설명을 지지하거나 반박하고, 가능한 설명 중 하나를 선택하는 것은 모두 초개념적 활동이다(Hewson & Hennessey, 1991; Hewson & Thorley, 1989). 즉 학습자가 자신이 지닌 개념이 어떤 의미가 있는지, 어떻게 표상되는지, 다른 개념들과 어떻게 연결되는지, 문제 해결에서 어떻게 사용되는지를 점검하는 것은 개념에 관한 사고에 해당한다.

개념 변화 연구에서 과학적 사고는 학생이 자신의 개념과 학습 과정에 대해 사고하는 '초인지'로서 중요하게 간주된다. 쿤 등은 학생들의 사고와 전문 과학자의 사고가 다르다고 주장한다(Kuhn et al., 1988). 학생들은 관찰이나 증거 자료의 해석에서 왜곡하거나(Gauld, 1986; Millar, 1987), 상황에 따라 증거보다는 자신의 생각에 더 의존해서 추론한다(Dawson & Rowell, 1987, 박승재 · 장병기, 1994 재인용). 과학적 사고의 발달에서 중요한 것은 이론과 증거를 분별하여 의식적 통제하에 이 둘을 조정하는 것이다. 따라서 학생들의 이론수정 과정에서 자신의 이론(개념) 자체에 대해서 생각하거나 자신의 사고 과정에 대하여 생각하는 반성적 사고는 개념 변화를 위해 매우 중요하다.

과학 개념 변화 연구 맥락에서 초인지의 역할은 개념 변화가 학생 자신의 지식 구성이라고 하는 본질적인 측면과 맞닿아 있기 때문에 매우 중요하다. 개념 변화를 위한 출발점으로서 학생의 개념 표출은 수업에서 하나의 사건으로 취급되기보다는, 수업의 주제가 되는 개념을 발전시키는 맥락으로 옮겨와 효과적으로 다루어져야 한다. 다시 말해, 수업 담화의 중심이 학생 개념이 되는 것을 의미하는데, 다양한 전략을 사용하여 학생 개념을 드러내고, 토론을 통해 학생 자신의 개념을 정교하게 하는 것이다. 이 과정은 자신의 인지에 대해 사고하는 것이므로 본질적으로 초인지적이다.

초인지는 한 사람의 인지적 과정과 그 산물인 지식과 관련이 있기 때문에(Flavell, 1976) 자신의 사고를 '인지적 목적물'로 만들 때 초인지적이라고 할 수 있다. '인지적 목적물'이라는 용어는 쿤 등이 사용했는데, 인간이 자신의 개념으로 사고할 뿐만 아니라 그 개념에 대해 사고하는 것을 의미한다(Kuhn et al., 1988). 그들은 이런 사고 능력이 과학적 사고의 발달에 중요한 단계라고 주장했다. 학생들이 수업에서 특정 현상이나 현상 체계를 다르게 설명할 때, 실제로 학생들은 인지적 목적물로서 그 설명을 만들어나간다. 즉, 현상에 대한 설명을 만들고, 그 설명을 비교 · 대조하고, 주장하면서 하나 또는 다른 설명을 지지하거나 반박하고, 가능한 설명 중 하나를 선택하는 것은 모두 초인지적 활동이다(Hewson & Thorley, 1989; Hewson et al., 1998).

여러 연구자는 학습자가 개념 변화 과정을 경험하기 위해서는 초인지적이어야 한다고 보았으며(Gunstone, 1994; Gunstone & Northfield, 1992; White & Gunstone, 1989), 초인지는 학습되고 가르칠 수 있는 대상이라고 주장한다(Gunstone, 1994). 개념 변화 학습에서 교사가 초인지적 과정을 가르칠 수 있는데, 학생들에게 자신이 학습한 개념의 지위가 어떤지를 판단할 수 있는 증거가 무엇이며, 그 증거가 적절한가를 통제하도록 이끌어줄 수 있다.

2장

개념은 어떤 구조를 갖는가?

2장에서는 1장에 이어 개념이 무엇인지에 대한 의문을 제기하면서, 개념의 구조에 관한 여러 관점을 점검하고 검토하려 한다. 개념의 구조에 대한 관점에는 개념을 독립적으로 정의할 수 있는지, 개념이 어떤 관계와 구조를 가지고 있는지 등에 관한 전통적 관점으로부터 다양한 관점의 강점과 약점까지 두루 살펴보고자 한다. 궁극적으로 개념의 구조에 대한 여러 관점을 배타적이 아니라 상보적 관계로 다루어야 할 것임을 제시한다.

개념의 획득과 구조, 그리고 개념을 수반한 중요한 인지 과정에 관한 인지심리학 연구에서 개념에 대한 여러 관점이 제기되어왔다. 수천 년에 걸친 세월 동안 개념은 필요충분 속성의 집합으로 정의할 수 있는 것으로 여겨왔다. 그러나 20세기 후반부터 시작된 자연 개념에 대한 심리학 연구는 우리 마음에 표상되어 있는 개념과 범주가 생각처럼 단순한 것이 아니며, 개념과 범주를 수반하는 인지 과정에는 수많은 요인이 작용하고 있다는 사실을 끊임없이 보여주고 있다.

'개념은 추상적 속성이다', '개념은 감각 인상의 복사다', '개념은 표준 예의 집합이다', '개념은 설명 이론의 부분들이다' 등과 같이 개념에 대한 해석이 다르듯, 개념의 구조에 대한 관점도 다양하다. 개념의 구조에 대한 관점은 개념이 필요충분 속성의 집합이라고 보는 고전적 관점 외에도 원형 관점, 본보기 관점, 스키마 관점, 설명기반(이론기반) 관점 등이 제시되어왔다. 이 관점들은 각기 개념에 대한 이해를 정교하게 하거나 확장시켜주는 동시에, 개념을 설명하는 데 충분치 않은 한계점을 갖고 상보적인 관계에 있다고 할 수 있다. 이 관점들을 구체적으로 살펴보면 다음과 같다.

첫째, 고전적 관점은 개념을 정의할 수 있는 것으로 본다. 즉 개념은 어떤 대상이나 사건에 대해 개별적으로는 필요조건이 되고, 전체적으로는 충분조건이 되는 속성들의 집합이라고 보는 관점이다. 예를 들어, 정사각형은 "닫힌 평면 도형으로 네 변이 있고, 네 변의 길이가 같으며, 네 각의 합은 360도다"라는 속성으로 정의된다. 이러한 경우, 개념은 필요충분조건이 되는 속성들의 집합이 된다.

그러나 비수학적 개념에 대한 정의를 내릴 수 있는 조건을 찾는 것은 거의 불가능하다는 문제가 제기된다. 비트겐슈타인은 친족유사성(family resemblance)에 근거해, 대부분 개념을 정의할 수 없는 것으로 주장하면서 개념의 고전적 관점을 강하게 비판했다(Wittgenstein, 1968). 그는 모든 개념 예에 공통적인 것이 있을 필요가 없다고 주장했다. 가령, 다양한 유형의 게임이 있고 우리가 그중에서 찾기를 기대할 수 있는 것은 모두 중복되고 교차하는 복잡한 망의 유사성인 셈이다. 즉, 친족들 사이에는 '체격, 용모, 눈 색깔, 걸음걸이, 기질' 등의 다양한 닮음이 존재한다. 따라서 친족유사성은 하나의 개념이 모든 속성을 공유하고 있지 않아도 부분적으로 공유함으로써 존재할 수 있다는 것이다. 또, 고전적 관점에서는 속성들 사이의 관계에 대한 정보를 개념에 포함하지 않는다. 예를 들어, 흑연과 다이아몬드의 속성은 탄소로 동일하므로 동일한 개념이 되어야 한다. 그러나 실제로 탄소 원자의 결합 방식(구조)에 따라 이 둘은 다른 물질이 되는 것이다(허남영, 2007).

둘째, 원형(prototype) 관점이다. 원형은 그 개념을 대표할 만한 가장 '전형적인', '적절한', '중심적인', '이상적인', '좋은' 본보기를 말한다. 원형 관점에서는 가장 좋은 예를 통해 개념들을 고려한다. 원형은 개념을 가장 잘 대표하는 사례라고 볼 수 있다. 예를 들어, 사과와 복숭아는 무화과보다도 전형적인 과일이다. 또, 물은 액체의 원형이 된다. 아이들은 어렸을 때부터 물을 일상적으로 경험하였기 때문에 액체 개념을 학습할 때 액체의 속성을 전형적으로 갖는 물을 원형으로 하여 개념을 발달시키는 것이다. 다른 예로, 새의 원형은 참새나 까치 등이며, 펭귄이나 박쥐는 원형이 아니다. 우리는 보통 새를 떠올릴 때 참새를 떠올리지, 펭귄을 떠올리지는 않기 때문이다. 이처럼 원형 관점에서 개념이란 속성이 필요충분조건으로 정의되지 않고, 그 경계가 열려 있는 것으로 보인다.

하지만 여전히 개념은 사례들을 통해 추상화되고 요약된 속성의 목록 혹은 이러한 속성을 반영하여 구성된 추상적 이미지를 말한다. 개념의 범주에 속하는 사례들은 이런 속성들을 많이 가지는 경우도 있고, 반대로 적게 가지는 사례도 있다. 사례가 갖는 속성 수의 차이에 따라 전형성이 나타난다고 볼 수 있다(허남영, 2007). 원형이 상정되면, 전형성(typicality), 즉 대표성의 정도에 따라 사례들이 배열될 수 있으며, 사례 간의 친족유사성에 의하여 응집력이 발생한다. 그러나 여전히 전형성 효과와 개념 경계가 모호하여, 개념 구조의 본질을 밝히기 어렵다는 비판이 있다. 또한 전형성은 맥락에 따라서, 사례를 보는 조망에 따라서 달라지기 때문에(신현정, 2011) 탈맥락적인 원형을 상정하는 것이 적절하지 않다는 비판도 받게 된다.

셋째, 본보기(exemplar)로 보는 관점이다. 원형 관점이 개념을 획득할 때 탈맥락적인 원형을 중심으로 이루어진다고 본 반면, 본보기 관점은 개념 범주 내에서 맥락에 따라 사례가 다르게 표상된다고 본다. 본보기 관점은 동일한 개념이라도 개인에 따라, 혹은 한 개인의 상황에 따라 다른 사례가 활성화된다고 보는 것이다. 예를 들어, 컵을 인지할 때도 산악인은 산에서 사용하는 철제용 컵을, 사무실에서 아메리카노를 마시기 위해서는 머그컵을, 집에서 손님을 접대할 때는 도자기류의 작고 예쁜 컵을 활성화할 것이기 때문이다. 이처럼 본보기 견해는 맥락, 목표, 조망, 사례의 출현 빈도에 따라 전형성 판단이 달라진다는 것을 설명할 수 있다. 반면, 다양한 사례의 정보를 장기기억에 저장한다고 가정하면, 인지 경제성이 무시되는 단점이 있다. 또한, 어떤 사례가 한 개념의 본보기가 될 수 있는가에 대한 기준을 제시하지 못하는 것도 문제점으로 지적되었다.

넷째, 스키마로 보는 관점으로서, 원형 관점과 본보기 관점을 통합한 절충형이라 할 수 있다. 스키마는 일반적으로 개념의 특성을 슬롯(slot, 차원에 해당)과 필러(filler, 차원에 부여하는 값에 해당)로 분할하는 구조화된 표상을 말한다(신현정, 2011). 슬롯은 자체적으로 어떤 유형의 필러를 가질 수 있을 것인지 제약하고, 한 슬롯의 필러들은 상호 배타적이다. [그림 2-1]에서처럼, '새' 개념은 '크기', '색깔', '부리 모양' 등의 슬롯을 가지고 있으며, 각 슬롯에 들어갈 수 있는 값, 즉 필러들을 규정한다. '크기' 슬롯에는 '작다'와 '크다'는 값이 가능하다. 스키마는 본보기를 표상할 수 있는데, 예를 들어 새-1은 크기, 색깔, 부리

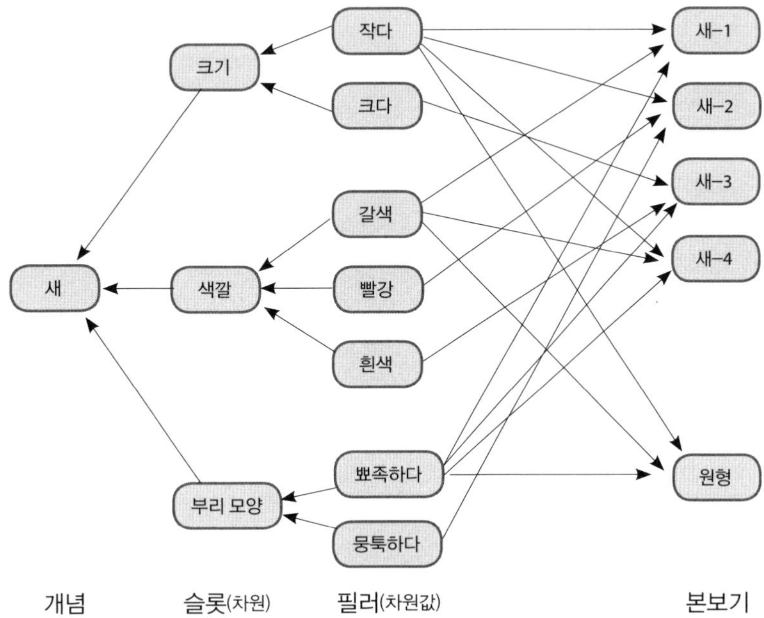

그림 2-1 슬롯, 필러, 본보기 그리고 원형 간의 관계를 나타내는 스키마의 예
자료: 신현정, 2011.

모양 슬롯에서 작고, 갈색이며, 뾰족하다는 값을 가지고 있다. 또한 각 슬롯에서 대표적인 값, 즉 지정값을 모두 가지고 있는 본보기가 바로 원형이 된다. 예를 들어, '새'라고 했을 때, 새 개념의 지정값은 작고, 갈색이며, 부리가 뾰족한 값에 해당한다고 할 때 그것이 원형 정보가 되는 것이다. 이처럼, 스키마는 원형 정보와 본보기 정보를 모두 통합적으로 보유하고 있기 때문에 두 모형이 나타낼 수 있는 많은 현상을 설명할 수 있으며, 개념 결합과 같이 두 모형이 개별적으로 밝히기 어려운 현상도 설명이 가능하다.

스키마 관점은 새가드의 저작에서도 나타난다. 새가드는 개념을 프레임(frame)과 같은 복잡한 구조라고 제안한다(Thagard, 1992). 이 개

표 2-1 개념 프레임과 예시

개념 프레임	예
개념(CONCEPT)	고래
~의 한 종류(A kind of)	포유류, 바다 생물
~의 하위 종류(Subkinds)	혹등고래, 흰긴수염고래, 범고래 등
~의 한 부분(A part of)	~의 한 부분(A part of): X
부분(Parts)	지느러미, 뼈, 물뿜는 구멍, 꼬리
유사어(Synonyms)	유사어(Synonyms): X
반의어(Antonyms)	반의어(Antonyms): X
규칙(Rules)	규칙(Rules): A가 고래라면, A는 헤엄친다
사례(Instances)	사례(Instances)

자료: Thagard, 1992; 허남영, 2007.

념 프레임은 종류 위계와 부분 위계로 구성되어 있고, 규칙으로 서로 연결되어 있다. 개념들은 규칙을 통해 슬롯에서보다 더 복잡한 사실적 정보들을 표현할 수 있다.

개념 체계가 종류, 부분, 규칙들의 연결이라고 볼 때, 개념들은 서로 망으로 연결되어 있다고 할 수 있다. 한 개념이 하나의 마디에 해당되고, 개념망은 개념들의 연결로 이루어진 셈이다(그림 2-2).

다섯째, 설명기반(이론기반) 관점으로, '지식(knowledge)'관 또는 '이론-이론(theory-theory)'이라고도 한다. 이 관점에서는 개념이 독립적으로 획득되는 것이 아니라, 세상에 관한 일반적인 지식의 부분으로서 설명에 연결되어 존재한다고 본다. 다시 말해, 하나의 설명은 개념들이 정합성과 일관성을 갖고 연결된다. 거꾸로 이들 개념은 설명의 부분으로서 서로 묶여 있는 것이다.

무언가를 설명한다는 것은 인과관계에서 그것을 예시화하는 것을

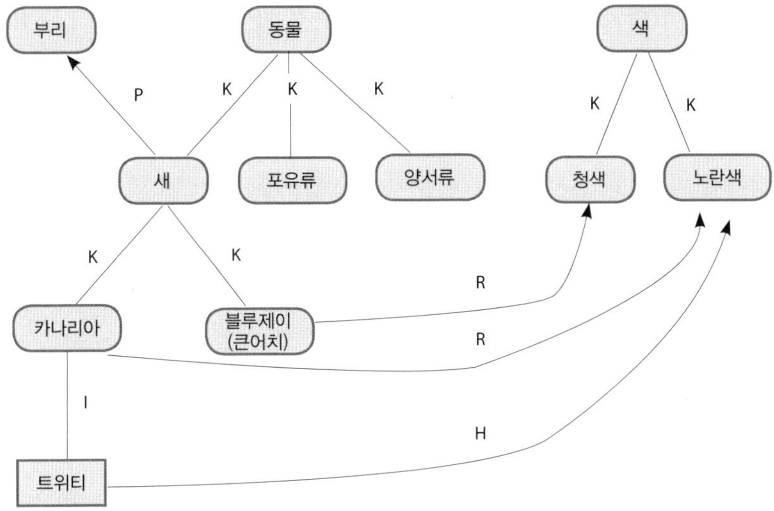

그림 2-2 새가드의 개념망(개념, 위계)
주: K: 종류, P: 부분 - 전체, R: 규칙, H: 속성, I: 사례

포함하고, 그것이 다른 요소들과 어떻게 인과적으로 의존하고 있는가를 지적하는 것이다. 예를 들어, 파티장에서 어떤 남자가 수영장으로 뛰어들었다면 그걸 지켜본 사람들은 그 남자가 술에 취한 것으로 볼 것이다. 그 이유는 그 현상이 술에 취한 행동의 원형이어서가 아니라 그가 취했다는 가정이 그의 행동을 설명할 수 있는 인과관계를 갖기 때문에 그를 취한 사람으로 범주화한 것이다.

이처럼 개념의 역할 중 하나가 설명을 하는 것이다. 과학 개념에서 예를 들면, 힘 개념은 힘에 관한 설명을 제공하는 이론적 구조를 구성하는 부분으로서 존재하는 것이다. 설명기반 관점은 개념이 어떻게 작용하는지를 보여주는 동시에, 새 개념이 설명적 추론에서 생성된다는 것도 보여준다. 개념들이 병합하여 새 개념이 생성되는 것은 새로운 설명을 요구하는 문제 해결 과정의 맥락에서 일어나기 때문이다.

앞에서 살펴본 개념에 대한 고전적 관점, 원형 관점, 본보기 관점, 설명기반 관점 등은 배타적인 것으로 간주되기보다 상보적으로 사용되어야 한다. 예를 들어, 힘 개념은 힘의 전형적 속성의 표상들로서, 맥락에 따른 힘의 사례들로 이루어진 집합으로서, 또는 힘에 관한 설명을 제공하는 이론적 구조로서 다양하게 구성될 수 있다. 새가드에 따르면, 이것들은 개념의 경쟁이론이 아니라 다양한 양상임을 지적하면서 서로 통합적으로 존재한다고 한다(Thagard, 2010).

2부

과학 개념의 본질과 학습

3장

일상 문화와 과학 문화는 어떻게 다른가?

'과학 개념은 무엇이며 학습에서 어떤 기능을 하는가?'에 대한 이해는 단순히 개념의 언어적 정의로 해결되는 것이 아니다. 과학의 실행에 대한 이해가 함께 이루어져야 하며, 과학 개념도 과학의 실행 안에서 정의되어야 할 것이다. 이 장에서는 문화적 접근으로서 과학 실행을 이해하고, 문화로서의 과학이 문화로서의 일상과 다르기 때문에 발생하는 과학 개념 이해의 어려움 등을 다루고자 한다.

현실세계, 특히 자연 현상에 대해 인간은 어떤 방식으로든 이해를 하고 있다. 그 이해를 크게 나누면 일상적 관점과 과학적 관점으로 구분해 볼 수 있다. 각 관점에 따라 지식을 얻는 방식과 내용이 달라질 것이다. 예를 들어 무지개를 본다고 할 때, 일상적 관점으로 세계를 바라본다면 다양한 색의 겹침과 아름다움에 관해 이야기할 수 있거나, 다양한 나라에서 전해내려오는 전설이나 신화로 그 현상의 의미나 신비로움에 관해 이야기할 수 있다. 반면, 과학적 관점으로 무지개를 본다면 빛이 공기 중 물방울에 의해 굴절하거나 간섭하는 과정과 그 결과로 나타난 현상으로 설명할 수 있다.

이처럼 일상적 관점과 과학적 관점은 설명의 내용과 방식에서 상당한 차이가 있다. 그 이유는 일상적 설명이 내러티브로 이루어지는 반면, 과학적 설명은 논리적으로 생성 가능하며, 검증될 수 있는 일련의 가능한 세계(possible world)에 한정된(김만희, 2003) 현실세계를 바라보는 추상적이고 탈맥락적인 이론, 법칙, 개념 체계로 이루어져 있기 때문이다. 즉, 과학의 문화는 사건과 사건의 인과관계를 맥락적이고 내러티브적으로 이해하고 설명하는 일상의 방식과는 상당히 동떨어져 있다.

따라서 과학 문화를 접하고 이해하는 일에는 우리가 익숙해 있는 일상의 문화와는 다른 사고 체계와 규범을 따라야 한다. 이렇게 과학을 문화로 접근하고, 일상의 문화와 비교하여 살펴보면, 일상의 문화에 속해 있던 학생들이 학교에서 과학 문화를 접할 때 어려움을 겪는 것은 당연하다. 그 어려움이 전제되면, 과학 학습은 과학 문화에 체화되기 혹은 일상 문화와 과학 문화의 경계 가로지르기가 되어야 한다는 주장이 설득력을 얻게 된다.

과학 문화와 담화

과학이란 무엇인가? 과학은 현실세계를 이해하는 하나의 방식으로, 세계를 보는 관점, 언어, 개념 체계, 가치, 규범 등의 요소들로 구성된 하나의 문화다. 문화는 생활양식의 총체를 의미하며, 과학 문화는 과학기술과 관련된 삶의 양식 및 가치의 총체다. 과학은 과학자 공동체가 형성해온 과학과 관련된 신념, 태도, 언어, 체계, 가치 등을 포함한다. 따라서, 과학은 과학자 공동체를 구성하는 사람들 사이에서 발생하는 사건과 생각들의 상호작용을 평가하고 해석하는 규칙과 지침을 제공한다. 과학은 과학이 가지고 있는 방법들, 설명체계, 혹은 정당화의 기준, 언어, 가치, 목적 등에 의해 특징이 형성된다. 그리고 이러한 과학 문화의 중심에는 과학 언어가 자리하고 있다.

과학 문화에 낯선 사람이 과학 문화로 들어간다는 것은 세계에 대하여 과학적 방식이라는 특정한 관점을 갖는 것이고, 특정한 태도와 습관을 갖는 일이다. 여기서 가장 중요한 것은 과학의 중심에 자리하고 있는 과학 언어를 사용할 수 있게 되는 것이다. 세계에 대하여 스스로 자신의 생각을 만들고, 과학적 설명과 이해를 구성하는 수단을 제공하고, 탐구의 목적, 절차, 결과, 결론 및 제언을 소통하게 하고, 현존하는 지식과 이해와 과학적 탐구를 연결하는 것은 바로 과학적 언어이기 때문이다. 과학의 언어를 능숙하게 사용한다는 것은 과학 담론 행위를 자유롭게 할 수 있는 것으로서 과학의 실제를 창출할 수 있다는 의미가 된다.

과학의 언어는 현상 및 사태를 개념화하고, 표상하고, 그들에 대해 말하는 특별한 방식이다. 그것은 추측, 가설, 과감한 생각, 추론, 예측, 일반화 및 증거와 같은 것들을 포함하는 독특한 사고 양식과 토의, 질문, 비판, 설득에 참여하도록 하는 행위를 구체화한다. 또한 과학의 언어는 자료를 수집하고 해석하며, 설명을 분절하고, 자료를 표로 작성하고 그래프로 그리는 특별한 기술, 화학식, 수학적 상징 및 시각적 표상을 사용하여 지식 주장을 하고 정당화하는 공인된 방식을 포함한다(Hodson, 2009).

언어는 문화의 산물이고 실현이라는 점에서, 과학 언어는 과학 문화의 산물이고 실현이다. 언어의 형식과 사용은 단순히 문자나 소리, 혹은 문장과 어법 등을 의미하는 것을 넘어서서 언어 사용 공동체의 문화를 담아낸다. 그런 의미에서 '과학 언어'라기보다는 '과학 담화'라는 용어를 사용하는 것이 더 적합할 것이다. 담화(Discourse)란 특정 집단이 형성하는 문화와 관념 및 신념체계 내에서 상황화된 것으로, 특정 집단으로부터 생성될 뿐만 아니라 특정 가정, 일, 집단의 상호작용 내에서 생성되는 지식 혹은 '축적된 지식(funds of knowledge)'에서 발생한다. 담화와 문화는 사람들이 자신을 집단화하거나 다른 이들에 의해 집단화되는 여러 방식을 언급한다. 즉, 담화는 학문, 동료, 사회적 계급, 공동체 관계들로부터 나타날 수 있으며, 이런 관계는 주로 갈등과 수렴 지점에서 중첩되고 상호교차(intersect)한다.

이 같은 맥락에서 과학 담화는 오랜 역사를 가진 과학 공동체 구성원들이 형성한 '축적된 지식'으로부터 발생한 것이라고 할 수 있다. 하나의 개념은 과학 공동체 구성원들의 오랜 논쟁과 논의를 거쳐 형성되어왔으며, 그 개념과 연결된 많은 사례, 개념, 아이디어, 실험 들이 맥락적으로 복잡하게 서로 얽혀 하나의 체계를 갖추게 된 것이다. 따라서 과학 담화는 언어적으로 표현되는 개념, 세계를 바라보는 관점인 형이상학적 신념과 개념들, 복잡한 실험과 단순한 활동들이 연결되어 일관성 있는 의미 체계를 갖추게 된 것이다. 따라서 과학 공동체 구성원들의 과학 문화는 과학을 이해하는 방식과 연결되어 있어서 그들이 과학을 읽고, 쓰고, 말하고, 생각하고, 평가하는 일관성 있는 체계를 구성한다.

과학 수업에서 중첩되는 과학-일상-교실 담화의 연결

과학을 하나의 문화로 간주할 때, 과학을 학습하는 것은 과학 문화를 구성하는 언어, 관념, 규범, 제도, 가치 등을 습득하여 하나의 문화로 편집하는 '과학 문화화'를 의미한다. 과학 문화화가 총체적으로 과학이라는 관점으로 세계를 바라보는 것을 의미한다고 하면, 학생들이 과학을 배우는 것의 의미 역시 세계를 과학적 시선으로 바라보고 과학적 방식으로 이해하고 의사소통하는 것이 될 수 있다. 그러나 과학 문화는 학생들에게 낯설고 이질적이다. 예를 들면 과학 공동체가 사용하는 개념들이 학생들에게 익숙한 일상 개념과 항상 같은 의미를 갖는 것이 아니기 때문이다. 일상 개념은 경험적인 반면, 과학 개념은 이론화되고 추상화되어서 일상 개념과 다른 의미를 갖는 경우가 많다. 그런 이유로 학생들이 실제 상황에서 과학적 현상을 접하게 되면, 그들은 우선 자신에게 익숙한 일상 문화를 바탕으로 그 현상을 이해하고 해석하려 할 것이다.

과학적 현상을 접하는 하나의 교실에 여러 개의 다른 담화가 교차하겠지만, 최소한 세 개 영역의 담화가 뚜렷하게 나타난다. 첫째, 학문 혹은 내용 영역의 담화이고, 둘째, 교실 담화이고, 셋째, 사회적 혹은 일상적 담화다. 과학 교실을 고려하면, 첫째와 셋째 담화는 위에서 언급한 대로 각각 과학 담화와 일상 담화에 해당되며, 둘째 교실 담화는 실제 상호작용을 위한 담화를 의미한다. 예를 들면, 수업 규범에 대한 담화가 이에 해당된다. 이들 각 담화는 알고, 행하고, 이야기하고, 읽고, 쓰는 방식이 다르지만 서로 중첩되어 나타난다. 학생들이 교실 수업 혹은 학문적 담화를 취하는 방식은 교실 수업에 가져오는 사회적 혹은 일상적 담화에 의해 형성되기 때문이다. 각 담화에 대해 구체적으로 살펴보기로 한다.

첫째, 과학(학문적) 담화(Academic Discourses)다. 과학에 대해 읽고, 쓰고, 이야기하는 것을 학생들은 종종 어렵게 여긴다. 그 이유는 과학 담화가 새롭기 때문이다. 렘케의 *Talking Science*에 따르면, 과학 담화는 특별한 언어 체계를 표상한다. 그 언어 체계는 초보 과학 학습자에게 즉각적으로 분명하게 받아들여지지 않는 주제와 개념을 담고 있다(Lemke, 1990). 따라서 학생들이 과학적 담화 공동체의 구성원이 되려면, 과학 교실에서 과학 담화, 즉 과학을 읽고, 말하고, 쓰는 방식에 도전해야 한다.

학생들은 과학 수업에서 예상, 관찰, 분석, 요약, 프리젠테이션을 실행할 때 과학을 읽고, 쓰고, 말할 수 있어야 한다. 특히 일반 수업에서보다 프로젝트 기반의 과학 활동에서 과학을 읽고, 쓰고, 말할 수 있는 과학적 소양과 언어적 실제가 더 중요하게 요구된다. 왜냐하면 학생들은 텍스트 또는 다른 사람들과 소통하면서 과학적 담화의 실제에 참여해야 하기 때문이다. 여기서 과학을 읽고, 쓰고, 말한다는 것은 과학적 텍스트로부터 혹은 과학적 텍스트에 대하여 의미를 구성하는 능력을 넘어선다는 것을 뜻한다. 예를 들어 교사가 학생에게 이해한 것을 설명해보라고 할 때, 즉 한 학생의 추론 혹은 논리를 보여줄 것을 요구하는 것은 과학 영역의 담화와 교실 담화가 교차하고 상호작용한 것을 의미한다.

둘째, 교실 담화로서, 수업 및 상호작용(Instructional and Interactional Discourses) 담화다. 과학 교실은 교사와 학생이 언어를 도구로 상호작용하는 장이다. 교사와 학생의 문화적이고 언어적 실제는 교실 수업 및 상호작용 담화를 형성한다. 학생들이 가정에서 학습하는 상호작용 담화가 교실에서 작동하지 않는다면, 학생들은 적절한 의사소통을 하지 못할 것이다. 또 실제로 교실 수업을 위한 학문영역의 개념과 규범을 모두 학습하는 데에 어려움을 겪게 될 것이다. 이런 담화들은 다양한 상호작용적 실제에서 나온다. 권위적인 교사의 질문을 어떻게 인식하는가에서부터, 전체 혹은 소집단 과제 수행 과정에 이르기까지, 다양한 영역이 교차한다. 구체적으로, 수업 담화(Instructional Discourses)는 교재 사용 방법, 노트, 질문에 답할 시기와 방법 등과 관련된 언어도 포함한다.

획일적이고 권위적인 교사 중심의 교실 수업에서는 규칙적이고 전통적인 상호작용 담화가 주로 발생할 것이다. 반면, 프로젝트 기반 수업에서는 전통적인 상호작용 담화와 다르거나 심지어 상반된 담화가 생성될 수 있다. 전통적인 상호작용 담화는 교실의 권위와 힘에 지배되는 규칙 중심적이라고 한다면, 프로젝트 기반 수업 담화는 그런 권위적 질서에 반하여 상호 질문하고 도전하고 스캐폴딩한다고 볼 수 있다.

모티머와 스콧은 수업 담화를 네 유형으로 나누었다. 그 기준은 교사-학생의 상호성과 함께 학생 관점의 견해가 받아들여지고 있는지를 토대로 한다(Mortimer & Scott, 2003). 담화 양상을 구별하는 첫 번째 차원은 수업 중 다른 관점의 견해가 받아들여지느냐에 따라 대화적(dialogic) 담화와 권위적(authoritative) 담화로 구분한다. 두 번째 차원에서는 담화에 한 사람 이상이 참여하는지 아니면 혼자서 담화를 주도하는지에 따라 상호작용적(interactive) 담화와 비상호작용적(non-interactive) 담화로 구분한다.

표 3-1 교실 담화에 대한 네 가지 의사소통 접근

	상호작용적 (interactive)	비상호작용적 (non-interactive)
대화적 (dialogic)	상호작용적/대화적 (interactive/dialogic)	비상호작용적/대화적 (non-interactive/ dialogic)
권위적 (authoritative)	상호작용적/권위적 (interactive/ authoritative)	비상호작용적/권위적 (non-interactive/ authoritative)

자료: Mortimer & Scott, 2003.

- 상호작용적/대화적 담화: 교사가 다양한 관점을 고려하며, 학생들과 함께 개념을 탐구하고 새로운 의미를 생성한다.
- 비상호작용적/대화적 담화: 교사가 다양한 관점을 고려한다.
- 상호작용적/권위적 담화: 교사가 하나의 특정 관점(과학적 견해)에 이르는 것을 목적으로, 학생들에게 일련의 질문과 대답을 통해 이끌어간다.
- 비상호작용적/권위적 담화: 교사가 하나의 특정한 관점만을 제시한다.

셋째, 사회적/일상적 담화(Social/Everyday Discourses)다. 히스는 그의 저서 *Ways with Words*에서 두 공동체가 갖는 각기 다른 소양에 대해 실제로 연구한 결과를 담았다(Heath, 1983). 이 두 공동체는 학교 밖에서 사용하는 언어 사용 방식이 서로 달랐다. 트랙톤(Trackton) 공동체의 젊은 사람들은 함께 읽고 쓰면서 자라고, 고립된 활동에서 소양을 학습하는 이들을 고려하도록 배웠다. 트랙톤에서 문자는 보통 구어에 의해 보충되고 수식되는 것이었고, 공동체 구성원들은 창의성, 유창성, 서정성에 가치를 두었다. 반대로, 로알빌(Roalville) 공동체 구성원은 문자를 이해하는 것을 중요하게 여겼으며, 정확하게 읽고 쓰고 말하는 소양 기반의 상호작용(literate interaction)의 규칙을 지켜야 했다. 이러한 소양 실행의 담화는 사회적 계급, 인종, 지역에 따라 이루어지는 상호작용이었다. 간단히 말해서, 일상적 담화들은 일상에서 각 집단의 다양한 문화가 중첩되면서 상호 조정되었다. 더 중요한 것은, 일상적 담화들은 각 공동체의 구성원들이 다녔던 학교에서 전형적으로 수행된 학교 담화들과도 다른 것이었다. 즉, 이 두 공동체의 사례는 일상적 담화가 문화와 맥락에 따라 다르게 형성되고, 이 일상적 담화들은 또 학교 교실 담화와는 다르다는 것이 연구 결과로 보고되었다.

일상적 담화가 과학적 담화와 다른 이유는, 학생들이 가정과 공동체에서 경험할 수 있는 과학에 대한 지식 총체가 과학 공동체에서 합의한 것과 다를 수 있고, 혹은 과학 교실에서 가치를 두는 것과도 다를 수 있기 때문이다. 학생들은 일상 상호작용에서 이용할 수 있는 자연 세계에 대한 방대한 지식을 축적한다 하더라도, 교사들은 이 지식을 인식하지 못하거나 때로는 무시하기도 한다. 결과적으로, 학생들이 과학적 현상에 대해 갖는 일상적 지식의 자산은 과학적 지식의 자산과 과학적 담화에 통합되기 어렵다. 렘케가 밝혔듯이, 특정 지식에 대해 알고 말하는 방식으로의 통합이 결여되면, 학생과 교사가 같은 말을 하지만 다른 것을 의미하듯이, 과학의 깊은 개념 학습을 어렵게 한다(Lemke, 1990). 사회적 혹은 일상 담화와 학교에서 가치를 두는 담화의 구별의 중요성은 담화적 스캐폴딩이 과학 교수 내에 짜여야 한다는 주장으로 이어진다.

지금까지 살펴보았듯이, 과학 교실은 서로 다른 세 개의 담화 체계가 망을 이루고 경쟁하는 공간이다. 첫째, 과학 담화, 둘째, 학교·교실 담화, 셋째가 학생들의 일상적 담화다. 학생들에게 과학 언어 및 학교 언어를 획득하는 것은 익숙한 것으로부터 덜 익숙한 것으로 경계를 건너는 문제다. 경계를 건너는 데 있어, 학생들의 일상 언어가 과학 언어와 비슷하면 할수록 전이는 쉬울 것이다(Hodson, 2009). 예를 들어, 인간의 뼈와 관련된 기본적인 개념은 일상적인 개념과 학교 과학 개념 사이에 특별한 차이가 없다. 학교 과학은 뼈의 구조와 기능에 대한 추가적인 정보와 새로운 전문 용어를 제공하기는 하지만, 일상 담화와 학교 담화가 겹치는 경우다. 이 경우 교사와 학생은 쉽게 그 주제를 다룰 수 있게 된다.

반면에 학교 과학과 일상 과학의 관점 사이에 상당한 차이가 있는 과학 개념들도 존재한다. 모티머와 스콧은 학생이 공을 떨어뜨리면 공이 바닥으로 떨어지는 사건을 예로 들어 이를 논한다(Mortimer & Scott, 2003). 공이 바닥으로 떨어지는 사건은 학생들에게 매우 익숙하다. 이 사건에 대해 학생들은 다음과 같은 일상적인 담화를 전개할 수 있다. '공은 떨어진다. 왜냐하면 네가 공을 놓았기 때문이다.' 반면에 '왜 공이 떨어졌는가?'라는 질문은 나오지 않을 것이다. 일상적으로 학생들은 공은 그냥 떨어진 거라고 생각하기 때문이다. 그러나 과학적인 관점에서는 담화의 초점이 다소 다르다. 우선, 이것은 설명되어야만 하는 사건임이 틀림없다. '왜 공이 떨어지는가?' 이것은 과학적으로 흥미로운 질문이 된다. 과학적인 관점에 따르면, 공은 중력에 의해서 떨어진다.

그렇다면 과학에 초보자인 학생들이 공이 아래로 떨어지는 사건에 대한 과학적 설명을 받아들이기 위해서는 무엇이 필요한가? 우선 학생들은 중력의 개념을 알고 있어야 한다. 그리고 이 개념의 핵심으로서, 학생들은 중력이 떨어져 있는 물체 사이에 작용할 수 있다는 점을 이해해야 한다. 이것은 학생들이 물리적 세계의 본질에 대해 일상적으로 지닌 기본적인 가정(존재론적인 가정)과 다를 것이다. 학생이 중력의 과학적 개념을 받아들이기로 한다면, 그들은 지구가 공과 접촉하지 않더라도 그것을 표면으로 잡아당길 수 있다고 믿을 준비를 해야 한다. 만일, 과학 교사가 과학적 개념을 당연한 것처럼 설명한다면, 교사들은 학생들에게 잘못 설명한 것이다. 처음에 학생들은 중력에 대한 과학적 개념을 잘 이해하지 못할 것이기 때문이다. 학생들은 낯설지만 새로운 방식으로, 즉 과학적 담화로 자연 현상에 대해 생각하고 이야기하도록 요구받을 것이다.

중력 개념의 더 중요한 특징은 공이 바닥으로 떨어지는 것을 설명하는 것을 포함하여 더욱 넓은 범위의 현상을 설명하는 데 사용된다는 점이다. 예를 들어, 중력은 조수간만의 차이, 달이 지구 주위를 공전하는 것과 같이 서로 무관해 보이는 물리적 현상을 설명하는 데 적용될 수 있다. 다시 말해 중력 개념은 다양한 맥락에 적용되어 일반화할 수 있다. 일반화는 과학 지식의 중요한 인식론적 본질로서, 모든 과학 이론과 개념에 적용할 수 있는 것을 의미한다.

그러므로 공이 떨어지는 것에 대한 과학적인 설명을 배운다는 것은 중력 개념의 이해, 세계의 존재론적 가정의 검토 및 수정, 중력 개념의 일반화에 대한 이해, 중력 개념이 적용될 수 있는 맥락과 적용될 수 없는 맥락을 이해하는 것을 포함한다. 공이 떨어지는 것과 같은, 이처럼 간단한 사건에서도 일상적 관점과 학교 과학의 관점 사이에 상당한 차이가 있다. 이런 차이는 일상 담화에서 학교 과학의 담화로 경계를 가로질러야 하는 과정을 요구한다.

일상 담화에서 학교 과학의 담화로 경계를 가로지르는 상호작용에서 출발점이 되어야 하는 것은 학생들이 수업에 가지고 오는 일상 담화다. 그러나 중력 현상과 관련된 일상적 사건에 대해 사용하는 일상 용어와 과학 용어 사이에는 공통점이 거의 없다. 교사는 언어 사용의 본보기를 보임으로써, 예를 들어 개인적 경험과 과학적 용어를 연결시키면서, 학생들에게 과학적 언어 사용에 참여하도록 할 수 있다. 이때 중요한 것은 익숙한 어휘 및 언어 형식을 갖는 일상 담화와의 연결을 통해, 과학 담화의 독특한 특징과 과학 담화 내에서 개념 간의 구조화를 학생들이 이해하도록 하는 것이다.

과학적으로 중요한 사건이나 현상을 일상 담화 내에서만 다루게 되면 과학적 용어를 학습할 기회를 갖지 못하게 되며, 결국 과학적 담화에 참여하기 어렵게 된다. 반대로 과학적 용어, 즉 추상적이고 정밀한 언어만으로 설명하면 학생들이 현상을 이해하기 어려울 뿐 아니라 과학을 이데올로기로 여겨 과학적 지식을 완전하고 불변하는 지식이라고 믿기 쉽다. 따라서 일상 언어와 과학 언어를 병렬로 사용하는 이중 화법(double-talk) 혹은 혼성 언어 실행(hybrid language)(Gutierrez et al., 1999)을 통해, 학생들이 자신의 일상 세계와 과학의 세계를 오가면서 의미론적 개념 관계를 파악한 후에야 과학의 형식적 언어를 이해하는 것이 쉬워질 것이다(Hodson, 2009). 더불어 과학의 의미는 상징, 그래프, 다이어그램, 표, 화학식, 3-D 모형, 수학적 표현, 컴퓨터 이미지 등으로 전달되기 때문에, 과학 언어는 다중-모드 소통이라고 할 수 있다(Lemke, 1998).

과학 담화 과정의 핵심으로서의 과학적 추론

과학 문화에 참여하는 것이 과학적 담화의 중심, 즉 과학 언어를 읽고 쓰고 말하는 것이라면, 그 과정을 적절히 수행한다는 것은 과학적 추론을 한다는 것을 의미한다. 언어를 기반으로 행해지는 과학 문화의 주요한 요소는 과학적 지식과 과학적 추론이다. 과학적 지식을 이용하고 적절하게 추론한다는 것은 과학적 설명을 이해하고, 개념적 이론과 증거를 세심하게 고려하는 것이다. 이론을 고려하는 것은 자료 수집 및 해석을 제한하는 반면, 자료는 이론을 제한하거나 확장하고 다듬고 정교하게 한다. 그렇다면 일상적 사고와 과학적 사고의 간극은 어디에 있는가? 이 간극을 이해하고 좁히기 위해 과학적 담화와 일상적 담화의 실제를 이루는 추론, 즉 사고 양식은 얼마나 다른지, 또 공통점은 없는지 등을 살펴볼 필요가 있다.

일상적 사고는 일상생활에서 일어나는 비형식적 사고를 말한다. 비형식적 사고는 형식적 사고와 달리 엄격한 논리 체계를 갖추지 않는다. 이와 대조적으로 과학적 사고는 실험실적 사고, 즉 논리 체계를 갖는 형식적 영역으로 인식된다. 이처럼 그 속성이 매우 다르게 보이는 일상적 사고와 과학적 사고의 특징을 비교 · 대조하면서 그 본질과 관계를 조명해보자.

첫째, 일상적 사고는 그럴듯한 이해를 생성하는 것을 목표로 하는 반면, 과학적 사고는 궁극적으로 과학적 지식을 생성하는 것을 목표로 한다. 여기에는 진실 혹은 확실성을 추구하느냐가 그 기준이 된다. 일상적 사고에서 사람들은 세상을 이해하기 위해 진실을 추구하기보다는 자신과 익숙한 상황을 믿으려 하거나 피상적이더라도 그럴듯한 설명을 창출해내려고 한다(Kuhn, 1992; Rozenblit & Keil, 2002). 반면 일반적으로 과학적 사고는 의미구성의 한 방식인 인식적(epistemic) 사고라고 설명된다(Bruner, 1986). 인식적 사고란 진리와 지식의 근거와 본질에 대해 밝히려는 철학적 노력으로, 사실(facts), 유비(analogy), 이론(theory) 등을 사용하여 언어학적으로 세상을 표상화함으로써 구성되는 지식과 이해를 의미한다(한승희, 2005).

둘째, 일상적 사고는 서사적, 즉 내러티브 사고라 불리며, 과학적 사고는 패러다임 사고라 일컫는다(Bruner, 1986). 서사적 사고는 세계에 대한 경험과 지식을 조직하거나 구성하는 자연스러운 방법으로 이야기를 만드는 것이다(한승희, 2005). 내러티브는 인간 행위를 중심으로 발생하는 사건들로 구성되며, 단순히 무엇이 일어났는가를 조명하는 것이 아니라 일련의 사건에 질서와 통일성을 부여하며 그 의미를 구성할 수 있도록 해준다(김만희, 2003). 그 의미를 구성하는 다양한 해석 중에서 내러티브의 구성 부분을 전체에 비추어보고, 동시에 구성 부분을 통하여 전체를 읽음으로써 이야기에 의미를 부여하는(김만희, 2003) 해석학적 순환(hermeneutic circle) 과정을 가진다(한승희, 2005). 반면에 패러다임 사고는 기본적인 진술과 관련하여 관찰 가능한 범주로 국한되며, 논리적으로 생성 가능하고 검증될 수 있는 일련의 가능한 세계(possible world)로 한정된다(김만희, 2003). 즉, 패러다임 사고는 추상적이고 탈맥락적인 사실을 이해하게 하는 논리적 주장으로 이루어진다. 이러한 사고는 객관성을 갖춘 틀을 토대로 일련의 형식을 갖춘 논증 절차에 따른다.

셋째, 일상적 사고는 그럴듯한 설명을 형성하는 절차가 비교적 자유로운 반면, 과학적 사고는 추론의 엄격성을 강조한다. 일상적 혹은 비형식적 사고는 논리학적 추론이나 삼단논법 대신에 오히려 직관이나 체험을 통해 얻은 방법이 주로 활용된다(Scribner, 1986). 따라서 비형식적 사고의 주체 혹은 공동체가 공유하는 배경 지식(일상 영역 지식)이 추론에 중요한 영향을 미친다. 사람들은 정보가 충분하면 공통된 증거를 선택하여 자신의 이론을 지지하려고 하며, 이를 논리적으로 견고한 증거를 형성하여 가설을 검증하는 것보다 더 선호하며(Kuhn, 1992) 추론 과정은 비교적 짧다. 반면 과학적 사고와 같은 형식적 영역에서는 지식의 산출 과정은 매우 엄격하다.

과학적 사고 양식은 검증 가능성에 토대를 두고, 객관적 형식을 갖춘 논증을 만들어낸다(김만희, 2003). 즉 입증가능성(testability) 혹은 반증가능성(falsifiability)이 지식과 이해의 참을 결정짓는 잣대가 된다. 예를 들어 과학 영역에서는 지식이 생성될 때 법칙(law), 인과성(causality), 절약(parsimony)의 역할이 강조되고, 경험적 산물은 구속되어(Wilson & Keil, 2000; Tweney, 1991), 가능한 한 높은 수준에 도달할 수 있는 최적의 예측(optimal prediction)이 추구된다(Wendel, 2002). 즉 과학적 사고는 일반적으로 원인-결과의 인과적 관계를 다루며, 강력한 이론, 치밀한 분석, 논리적 증명, 타당한 주장, 가설로부터의 경험적 발견 등의 특징적 형태로 나타난다(김만희, 2003). 이러한 과학적 사고는 과학과 그 절차적 특징(예컨대 연역, 가설연역, 귀납 등)을 통해서 드러난다고 할 수 있다.

넷째, 일상적 사고는 신념을 토대로 세상에 대한 자신의 이해를 구하기 때문에 세상 밖에서 증거를 요구하지 않는다(Pritchard, 2005). 그럴듯한 이야기를 만드는 것은 그 이야기를 지지하는 증거를 포함하지만, 다소 일상 추론에서는 실제 증거가 없더라도 그럴듯한 설명이 생성되기도 한다. 증거가 부족하더라도 현재 자기가 세운 가설(working hypothesis, 작동가설)을 구성하는 것이 더 중요하다고 사람들은 느낀다. 따라서 확실한 증거가 없는 문제에 대해 추론을 요구받으면, 그들은 그럴듯한 이야기를 구성하는 것으로 설명을 대신한다(Kuhn, 1992). 종종 이러한 구성은 내적으로 일관성 있고 그럴듯하다는 점에서 좋은 일상 추론을 만드는 규범으로 평가받고 생성된다. 즉 가능성으로부터 확실성까지의 연속선상에서 자유롭게 움직이면서 상황화된 것으로, 추론을 포함하고 반대 주장을 다룰 수 있다(Brewer et al., 2000).

일관성이나 그럴듯함이 확보되거나 주장이 일상 지식과 모순되지 않거나 반대 주장에 의해 와해되지 않는다면, 합당함(reasonableness)이 가정된다(Rief & Larkin, 1991). 반대로 과학을 논리적 추론으로 보는 관점에서는 인간의 의도적 상태와 무관한 '불변의 세계'와 사물 · 사건들의 불변성에 관련된 '존재의 세계'를 구성한다. 이는 전형적이고 논리 · 과학적인 방식으로, 형식적이고 수학적인 가설 검증을 요구한다. 세상 밖에서 증거를 찾고 해석하는 것을 과학적 사고의 중요한 역할로 간주한다. 과학적 사고 혹은 과학적 사고 방식은 논리적 추론, 실험 수행, 증거, 비판적 사고 능력 등과 연관된다(Baram-Tsabari & Yarden, 2005). 과학적 추론이란 과학자들이 과학적 지식을 생성하는 과정에서 사용하는 사고 과정이라고 할 수 있다. 따라서 과학자들이 결정적인 실험에 의해 이론을 평가하고, 일부 가설은 직접 기각하고, 결과적으로 이론을 형성하고 수정을 이끄는 대안 가설을 생성하는 모든 과정에서의 사고를 의미한다. 일반적 의미에서 과학적 추론은 인간이 자연 현상의 규칙성과 인과적 구조에 대해 논리적으로 생각하는 과정들의 보다 큰 집합으로 생각할 수 있다(DeLoache et al., 1998).

이처럼 일상적 사고와 과학적 사고는 기본적인 전제와 내용이 달라서 공유할 수 없는 것처럼 보인다. 그러나 일상적 사고와 과학적 사고의 주체는 인간이며, 이 두 가지 사고가 서로 다른 사람들에 의해서가 아니라 맥락에 따라서 달라진다면, 그 맥락에 상관없이 공통으로 적용되는 일상적 사고가 과학적 사고와 공유하고 있는 부분은 무엇일까?

앞서 살펴본 것처럼, 일상적 사고는 비교적 추론의 수가 적고 명시적인 이유(warrant)가 제공되지 않아도 일반화되기 때문에 정교하게 이해하지 않더라도 비교적 효율적으로 진행된다. 또한 적절한 사례가 확보되어 일관성이나 그럴듯함이 충족되면 합당하다고 판단한다. 그럼에도 어떤 사례가 적절한지, 적절하지 않은지를 평가하는 기준이 없는 것은 아니다. 일반적으로, 일상적 사고는 전제로부터 결론을 연역하는 형식적 규칙을 따르기보다는 그럴듯함의 비형식적 추론을 따른다. 따라서 그럴듯한 설명이 논리적으로 일관성이 있고 그 목적에 충분히 부합하면 인정되는 것이다. 또한 일상적 지식은 그 메커니즘이 종종 암묵적이라 하더라도 원인과 결과를 설명한다(Ahn & Kalish, 2000). 일상에서 사람들은 사건들의 조합을 통해 인과적 관계를 고려하며 일상 지식을 토대로 추론하기 때문에, 추론된 지식은 기능적으로 이해된다. 일상적 사고가 매우 도구적인 관점을 토대로 기능하는 반면, 과학적 사고는 인과관계의 수준을 깊게 파헤쳐 지식의 원리적 이해 수준을 요구한다.

그러나 실제 과학 활동에서 과학적 사고의 본질에 대한 의견은 일치하지 않고 있다. 실제 과학자들은 증거를 모아 가설을 형성하기도 하지만, 형식적 추론을 구속하여 경험적 결과에 대한 최적의 예측보다는 그럴듯한 설명을 만들어내기도 하는 등 추론 방식을 변화시키기도 한다. 최소한 연구자들이 잠정적 가설을 탐색하는 단계에서는 과학적 탐구와 설명이 대체로 일상적 추론과 유사하다(Sebeok & Umiker-Sebeok, 1983, 한승희, 2005 재인용). 당연히 과학 활동은 더 형식적이어서, 단순히 일상 설명에 적용되지 않는 엄격함과 정밀한 기준을 포함한다. 즉, 과학 활동은 최적의 예측을 하기까지의 메커니즘을 명확히 하는 것이다. 그러나 과학의 산출물이 형식적으로 표현된다 하더라도, 출발은 주로 비형식적 추론으로 시작한다. 비형식적 추론은 목표지향적이고, 체계적이고, 문제 상황에 맞는 합당한 근거를 적용한다는 점에서 합리적이다(Tweney, 1991).

위에서 살펴본 것처럼 일상적 사고와 과학적 사고는 그 영역이나 방법이 명확히 구분되거나 배타적인 것으로 보기 어렵다. 그보다는 일상적 사고의 엄격한 추론 방식이 과학적 사고의 메커니즘과 연관되며, 과학적 사고의 초기 단계가 일상적 사고의 특성이 있다고 할 수 있다. 또한 일상적 사고는 그 설명이 목적에 부합하고 논리적 일관성을 갖출 때 타당성을 확보하며, 과학적 사고는 출발에 있어서 비형식적 추론의 성격을 가지므로 일상적 사고와 과학적 사고는 본질적 측면에서 상당 부분 공유한다.

4장

과학 학습을 어떤 관점에서 보아야 할까?

3장에서 과학을 하나의 문화로 바라보아야 한다는 것, 문화의 중심에는 언어와 사고 방식이 자리잡고 있다는 점을 밝혔다. 과학 문화를 구성하는 언어 방식으로서 과학적 담화와 그 과학적 담화를 교실로 가져오는 교수 담화, 그리고 과학 학습으로서 일상 담화를 교수 담화로 연결시켜 과학적 담화를 소개하고 이해하게 한다는 이야기가 골자를 이루었다. 이 장에서는 과학을 학습한다는 것의 경험주의적 관점으로부터 인지적 · 사회적 구성주의를 통과하여 사회문화적 관점 혹은 상황학습의 관점을 알아본다. 또한 그 관점에서 개념 학습은 어떤 위치를 차지하고 있는지를 살펴보고자 한다.

지식 형성은 내인적인가? 외인적인가?

개념이 어떻게 형성되는가를 살펴보기 위해서는 인간 지식, 즉 앎에 대한 관점을 살펴볼 필요가 있다. 미국의 심리학자 게겐은 지식의 두 가지 전통인 세계를 중심으로 보는 외인적(exogenic) 입장과 인간의 정신을 중심으로 보는 내인적(endogenic) 입장에 대하여 서술하였다(Gergen, 1995). 외인적 입장에서 지식은 물질로 대표되는 외부 세계와 인지적이고 주관적이며 상징적 또는 현상적인 심리 체계를 구별하는 이분법을 인정한다. 이 관점에서 개인의 내적 상태가 외부의 존재를 반영할 때 지식은 형성된다. 즉 개인은 '내적 지도(internal map)'를 지니고 있어 자신의 성공적인 방법을 추구한다. 이처럼 외인적 입장에서는 먼저 세계가 주어지고 정신은 세계를 정확하게 반영할 때 가장 잘 작용한다는 관점이다. 반면에, 내인적 입장에서 지식은 인간의 정신지향적인 산물을 의미한다. 내인적 입장도 외인적 입장과 마찬가지로 정신과 세상은 별개이며 지식은 정신 상태라는 이분법에 근거한다. 그러나 외인적 입장이 외부의 물질 세계가 주어지는 것으로 보며 어떻게 자연이 정확하게 마음 속에 표상되는지를 설명하는 반면에, 내인적 입장은 정신 세계를 자명한 것으로 보며 마음이 자연 속에서 적절하게 작용하는지에 관한 문제를 다룬다. 따라서 외인적 입장은 내적 표상을 형성하기 위해 필요한 환경적 투입에 초점을 둔다. 이러한 환경적 강조에 비해 내인적 입장은 인간 고유의 이성, 논리, 또는 개념화 과정을 강조한다.

지식에 대한 입장이 내인적인가 외인적인가에 따라 학습과 학습자를 보는 관점이 달라지고, 이에 따라 교육의 실제도 달라진다. 외인적 입장은 경험주의적 관점으로서 학습을 축적되는 것으로 보고 정보의 습득을 강조한다. 학습자는 백지 상태(tabula rosa)로 간주되거나 스펀지에 비유된다. 백지 상태는 아무것도 없는 무(無)의 상태로서 학습은 그 위에 무언가를 축적하거나 그림을 그리는 것을 의미하고, 스펀지는 물을 빨아들이듯이 제공되는 정보를 그대로 흡수하는 것을 의미한다. 이 비유에 의하면, 학습자는 제공되는 정보, 개념 등의 학습 재료를 그대로 받아들이거나 흡수한다는 것이다. 그렇다면 잘 조직화된 개념, 개념 체계나 개념 구조를 학습자에게 제시하면 학습자는 아무런 의심이나 오류 없이 받아들인다는 것을 의미한다. 이에, 학습에서 학습자가 하는 경험이 중요하게 다루어진다. 즉, 백지와 같이 아무 성질도 없는 마음에 여러 가지 지식을 공급하는 것을 경험이라고 보는 것이다. 이 관점은 인식론적으로 귀납주의를 기반으로 한다. 귀납적 이론에 따르면, 순수한 관찰, 즉 이론의 개입이 없이 이루어지는 관찰 사실들이 누적되면 이론이 생성된다는 것이다. 이에 따라 학생의 직접 관찰과 경험이 중시되며, 직접 관찰에서 얻지 못하는 방대한 양의 지식을 얻을 수 있는 수단으로 교재와 강의 중심의 수업이 강조된다. 따라서 평가는 정형화되고 통계적인 처리로 이루어진다.

반면에 내인적 입장은 학생의 이성을 강조하여 정보에 관해 사고하는 방식을 중요시한다. 이에 따라 사고력을 키워주는 수학, 철학, 외국어가 학습의 중심이 되며, 강의보다는 토론 중심의 수업이 이루어진다. 따라서 평가는 논술시험과 보고서 형태인 질적 평가가 이루어진다.

위에 서술한 지식의 전통적 관점인 내·외인적으로 구분하는 데카르트식의 이분법에 반대하며 등장한 인식론적 담론이 구성주의다. 구성주의는 지식에 관한 새로운 관점, 즉 지식은 개인과 독립적으로 존재하는 것이 아니고 환경과의 상호작용을 통해 개인에 의해 구성된다는 점을 강조한다. 나아가 지식의 구성 과정에서 개인의 능동적 참여뿐만 아니라 사회적 맥락에서 상호작용의 중요성도 강조한다. 지식의 성질에 대한 구성주의 논의는 18세기 영국 고전경험론을 대표하는 철학자인 버클리(G. Berkely)와 이탈리아의 철학자인 비코(G. Vico)에 의해 시작되었으며(이명숙, 1998; von Glasersfeld, 1989), 칸트와 피아제의 지식에 대한 관점에서도 찾아볼 수 있다(Matthew, 1994; von Glasersfeld, 1989).

구성주의에서 지식은 아는 과정(knowing)을 말하며, 지식이 어떤 독립적 세계를 나타낸다는 관점을 포기하고, 대신에 지식은 우리에게 훨씬 더 중요한 어떤 것, 즉 경험적 세계에서 우리가 할 수 있는 것을 강조한다. 진리란 외부 세계의 상태나 사상을 그대로 반영하던 개념에서 유용성(viability)의 개념으로 대치된다. 유용성은 목적의 맥락에 따라 달라지며, 지식은 적응적(adaptive)이다. 구성주의에서 학습자는 능동적인 의미 형성자이며, 학습은 지식을 활성화하는 과정이다. 따라서 학습자 스스로 지식의 본성과 자신의 학습 과정에 대해 반성하는 초인지의 촉발, 토론 및 협동 학습, 학습 과정에서 이루어지는 수행 평가가 중요하게 다루어진다.

이후 구성주의는 지식의 본성을 유용성의 개념으로 아주 단순하게 취급하며, 새로운 과학적 지식이 창출되는 과정과 기존의 과학적 지식이 학습되는 과정을 동일시하는 오류를 범하고 있다는 비판을 받았다(Osborne, 1996; Phillips, 1995). 그러나 개념을 다루는 대다수 과학 교육 연구의 이론적 틀로서 학습과 학습자에 대한 이해의 폭과 깊이를 더하는 데 공헌하였다(Staver, 1998). 이때 가장 중심이 되는 것은 오스벨이 언급한 "학습에서 가장 중요한 것은 학습자가 이미 알고 있는 것"이라는 생각이다. 또한 구성주의가 광범위한 인식론적 담론으로서 과학 교육에 자리잡게 된 데에는 피아제의 영향을 배제할 수 없다. 피아제의 이론은 기본적으로 각 개인이 지식을 구성한다는 신념을 바탕으로 한다. 피아제의 발달 단계 이론이 구성주의에 부합하지는 않는다 하더라도, 이러한 신념은 과학 교육에서 구성주의의 관점을 받아들이는 데 영향을 주었다고 볼 수 있다.

과학 교육에는 지식의 본성에 대한 관점에 따라 다양한 이름의 구성주의가 존재한다. 질란(D.R. Geelan)은 구성주의의 형태를 켈리(G. Kelly)와 피아제의 개인적 구성주의(personal constructivism), 글래서스펠트(von Glasersfeld)의 급진적 구성주의(radical constructivism), 솔로몬(J. Solomon)의 사회적 구성주의(social constructivism), 게겐(K.J. Gergen)의 사회적 구성주의(social constructionism), 테일러(P.C. Talyor)의 비판적 구성주의(critical constructivism), 코번(W.W. Cobern)의 상황적 구성주의(contextual constructivism)의 여섯 가지로 분류하였다(Geelan, 1997; 권성기, 1998). 질란은 객관주의와 상대주의를 연속된 축의 좌우 극단에 놓고, 사회적 극단과 개인적 극단을 상하로 설정하여 구분한 네 가지 영역에 구성주의 입장을 배치하여 분류하였다. 예를 들어, 급진적 구성주의는 개인적이고 상대주의를 교차하는 영역에 해당된다. 이와 같은 분류를 통해, 질란은 다양한 형태의 구성주의 중에서 가장 좋은 것을 논쟁하기보다는 서로 양립할 수 없는 관점들이 변증법적으로 긴장하고 있는 인식론이 더욱 필요하다고 주장하였다(권성기, 1998).

개념 변화는 개인적인가? 사회적인가?

지식의 생성에 관한 관점을 크게 급진적 구성주의와 사회적 구성주의로 구분해볼 수 있다. 급진적 구성주의는 피아제를 출발로 하여 글래서스펠트가 주장한 원리에 기초한다. 글래서스펠트에 따르면, 지식은 독립적 세계를 나타내는 것이 아니라 인간이 경험한 세계에 대하여 구성된 것이라고 규정한다. 급진적 구성주의자들은 '실재(reality)'를 경험 세계로 보며, 관계 모음과 창출이 경험 세계에 대한 주관적 구성(subjective construction)임을 강조한다. 어떤 개념이 추상화되는 것은 불완전한 감각 인상에 의해서가 아니라 마음속에 창조하는 영상을 역동적으로 수행하기 위한 주의 집중 작용 과정에 의한 것이다.
한편, 사회적 구성주의에 따르면 지식은 세상을 형상화하는 능력에 의해서가 아니라, 사회적 상호작용이라는 과정에 의해 세상에 적합해지는 것이라고 주장한다. 이때, '사회적'이라는 의미는 첫째, 행위를 의사소통하는 것과 같이 구성 과정의 어떤 시점에서 사람들의 실제적 면대면 사회적 상호작용을 요구할 수 있고, 둘째, 개인 자신의 사적인 의미와는 대조되는 개념에 대한 '공공의' 또는 사회의 의미를 나타낼 수도 있다. 셋째, 자신의 선택 및 문제에 대한 개념화, 자신의 도구 선택 및 적절한 행동 방안, 완성에 대한 자신의 평가, 그리고 성찰 또는 의사소통을 위한 자신의 언어 선택과 표상 등을 포함하여 사회가 지식 구성에 발전적인 영향을 주는 모든 행위로 주장할 수도 있다.

지식 생성 과정에서 급진적 구성주의에 영향을 미친 피아제와 사회적 구성주의에 영향을 미친 비고츠키의 관점은 상반된다. 구성주의는 피아제가 의도하지 않았더라도 그의 발생적 인식론(genetic epistemology)으로서 인지발달 단계에서 그 출발을 찾아볼 수 있다. 피아제는 인간의 신체가 구조를 갖는 것처럼 정신에도 구조가 있다고 가정했으며, 이러한 정신적 구조를 설명하기 위해 도식(schema)이라는 용어를 사용했다. 영아는 대부분 경험에 의해서 도식을 형성하며, 어린아이가 성장함에 따라 환경과의 상호작용에 의해 도식들은 분화되고 통합되어 더 많고 복잡한 도식으로 변해간다.

피아제는 지식이 어떻게 형성되는가의 문제를 유전적으로 타고난 적응과 조직화라고 하는 경향성으로 설명하였다. 모든 유기체는 적응하고자 하는 경향성을 지니는데, 이러한 적응은 동화와 조절이라는 상호보완적인 과정에 의해서 이루어진다고 보았다. 여기서 동화는 외부의 정보나 자극을 자신의 인지구조에 맞춰 소화시키는 과정을 뜻한다. 조절은 외부의 요구에 응하여 자신의 인지구조를 변형시키는 과정이라고 할 수 있다.

한편 유기체는 두 가지 이상의 서로 분리된 체제나 구조를 좀 더 고차원적인 체제나 구조로 통합시키려는 경향성인 조직화 기능을 가진다. 이때 조직화된 규칙적 행동 양식은 도식으로서, 서로 다른 도식은 적응과 조직화라는 기능의 결과로 더욱 능률적이고 큰 단위인 인지구조로 변형되고, 이러한 인지구조는 평형화 과정에 의하여 질적으로 더욱 상위의 인지구조로 변환된다. 인지구조가 외부의 자극에 직면했을 때, 이들 양자 사이에 동화와 조절이 원활하게 이루어지면 이들은 평형을 이루고 있다고 말한다.

인지구조와 외부 자극 사이에 갈등이 생기면, 유기체는 이 갈등을 없애고 새로운 평형을 이루고자 한다. 피아제는 지적 갈등을 해결하고 새로운 평형을 이루는 과정을 평형화 과정이라 하고, 새로운 평형은 유기체가 자신의 인지구조를 변화시켜 갈등을 해결함으로써 가능하다고 보았다. 따라서 그의 이론에 따르면, 평형화 과정은 인지발달의 핵심이라고 볼 수 있다. 예를 하나 들어 보면, '개'에 대한 도식을 갖고 있는 어린아이가 소를 보고 개의 도식에 맞지 않는 소의 특징을 구별, 즉 인지구조를 조절하면서 개에 대한 도식을 더 정교화하게 된다. 결국 인지구조는 반복되는 평형화 과정을 통해서 더욱 상위의 심리적 구조로 발달되며, 개인이 어떤 특정한 상황에서 보여주는 행동은 인지구조의 특성에 의해서 결정된다고 볼 수 있다. 피아제의 이론에 따르면, 인지구조의 특성은 어린이에서 성인에 이르기까지 매우 천천히 발달하므로, 생의 일정 기간에 보여주는 개인의 행동은 다양한 과제와 상황에 대하여 일관성을 보여준다. 이러한 일관성은 발달 단계, 즉 감각운동기, 전조작기, 구체적 조작기, 형식적 조작기를 형성한다.

피아제의 인지구조 발달을 학습에 대입하면, 동화와 조절, 그리고 조직화는 학습자의 능동적 활동 과정이 된다. 학습자는 발달 단계를 따르기 때문에 미성숙된 학습자는 성인의 사고와 다르다. 학습자의 능동적이고 적극적 활동 과정에 의해 동화와 조절 과정이 일어나기 때문에 갈등 상황에 대해 스스로 흥미와 해결을 위한 도전을 하게 된다. 이러한 점에서 앞서 학습자의 마음을 백지 상태로 보았던 경험주의와 달리, 학습자의 인지구조를 전제로 하는 인지적 구성주의는 학습의 중심을 학습자의 인지구조가 어떤지, 인지구조가 외부로부터 주어지는 학습 과제와 어떤 상태에 있는지, 이때 학습자가 갈등을 일으켜 동화와 조절을 필요로 하는지가 중요하게 부각된다.

요약하면, 피아제는 학습을 동화, 조절, 그리고 평형화라는 연속적인 단계로 특징지어지는 과정으로 보았다. 이들이 관여하는 정도는 개인의 나이와 논리적 추론 능력의 성숙 단계, 그리고 학습 과정의 특성에 크게 의존한다. 학교 과학에서의 학습 맥락에서 가장 중요한 것은 청소년기에 일어나는, '구체적' 발달 단계에서 '형식적' 발달 단계로 전환되는 순간이며, 가설 연역적이고, 조합적이며, 확률론적이고,

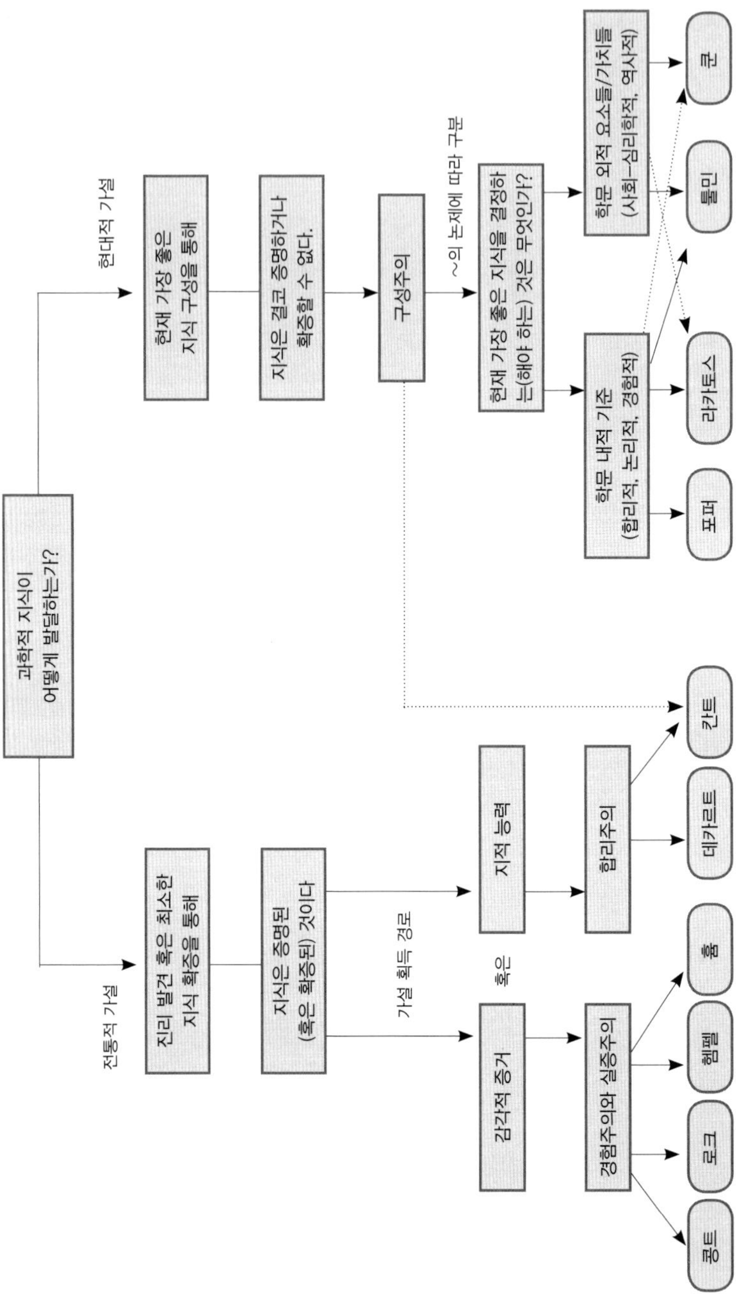

그림 4-1 과학적 지식 발달에 관한 다양한 철학적 프레임워크 범주화
자료: Nussbaum, 1989.

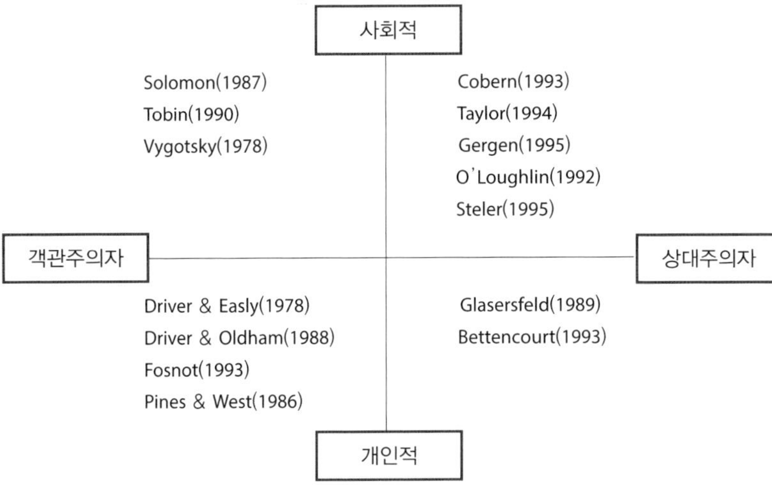

그림 4-2 다양한 구성주의의 형태를 조직하기 위한 틀
자료:Geelan 1997, 권성기 1998 재인용.

상관적인 추론과 같은 논리적 조작이 가능해지는 시점이다. 그러므로 피아제는 영역 특이적인 지식의 구조보다는 일반적인 인지 기능을 더 강조하였으며, 교사가 해야 할 일은 학습자의 '준비성' 혹은 학습 과제의 '적절성'을 확인하는 일이라고 생각했다. 되돌아보면, 피아제의 도식은 매우 확고해 보였고 지식의 생성이 개인의 인지구조와 환경의 상호작용 결과로서 개인의 지식 구성 과정을 중요하게 다루었으나, 맥락적 변인이나 선지식에 의해 학습자 간에 생기는 차이를 설명하는 데에는 실패했다고 할 수 있다(Lawson, 1991).

구성주의의 핵심인 학습자의 사전 개념을 더욱 중요하게 다룬 심리학자는 오스벨(D.P. Ausubel)이라고 볼 수 있다. 오스벨은 학습에서 가장 중요한 것은 "학습자가 이미 알고 있는 것"이라고 하였다. 즉, 학습자는 수업에 들어오기 전부터 이미 무언가를 지니고 있으며, 그 무언가가 학습에 중요한 영향을 끼친다는 것이다. 학생들은 백지 상태에서 학습에 임하지 않는다(Driver et al., 1985). 학생이 이미 알고 있는 것이 학습에서 중요하다(Ausubel, 1968)는 이러한 생각은 구성주의의 확산과 더불어 1970년대 이후 학습자 개념에 대한 많은 연구를 촉발시켰다. 그리고 학습자 개념에 대한 연구 결과가 축적되면서 여러 가지 특성이 알려져 왔다.

오스벨의 유의미 학습 이론은 학습 내용이 학습자가 이미 알고 있는 관련 인지구조에 의미 있게 연결됨으로써 일어나는 학습을 뜻한다. 이는 구속성과 실사성이 있는 학습 과제가 학습자의 인지구조에 포섭되는 것을 의미한다. 이러한 유의미 학습이 일어나기 위해서는 학습자가 유의미하게 학습하려는 학습 태세를 갖추어야 한다. 여기서 인지구조는 어느 한 시점에서 학습자가 유용하게 사용할 수 있는 개념, 원리 및 이론 등으로 이루어진 학습자 현재의 지식 체계라고 정의된다. 유의미 학습이 효과적으로 이루어지기 위해서는 기존의 인지구조와 새로 학습할 과제를 연결해주는 인지 다리(cognitive bridge)인 '선행 조직자(advance organizer)'를 잘 활용하는 것이 중요하다(권재술 외, 2000).

이처럼 학습자들이 교실에 들어오기 전에도 자연 사물과 사건에 대하여 잘 정의된 생각 체계를 발달시킨다는 것이 분명해졌다. 이런 생각은 형식적인 과학 영역의 범위에 미치며, 남자와 여자, 문화적 배경과 윤리적 근원뿐 아니라 모든 연령과 능력 수준의 학습자에게도 동일한 비율로 발견되는 것 같다. 또한 때로 이런 관념들은 학습자에게도 수용된 과학적 개념과 마찰을 일으키기도 한다. 특히 가장 중요한 것은 그 개념들이 일상생활에서 유용하게 기능하기 때문에 가장 뛰어난 교사, 가장 사려깊은 교재의 저자들, 그리고 교육과정 개발자들의 노력에 저항하는 경향이 있다는 점이다. 불운하게도 학생들의 생각은 형식적 과학 수업에서 제시된 지식과 상호작용하면서 의도되지 않은 다양한 학습 결과를 낳는다(Mintzes & Wandersee, 1998).

개별적인 학습자의 입장을 개념 변화에 대한 구성주의자의 시각에서 바라볼 때, 핵심은 자신의 개념을 인식하고 평가해야 한다는 점이다. 이때 개념의 재구성 여부를 결정하는 것은 물론 학습자 자신이어야 한다. 더불어, 만약 개념을 재구성하기로 했다면 일관성을 유지할 수 있는 방식으로 개념들에 대한 이해와 다른 측면들에서 그 이해를 바꾸거나 재구조화할 것인지를 결정하는 것 또한 학습자 자신이어야 한다는 점이 중요하다. 이러한 인식, 평가, 재구성 여부의 결정, 이해의 다른 측면에 대한 개정들은 궁극적으로 개별적이고, 각각은 긍정적으로 혹은 부정적으로 교사나 다른 학급동료들, 수업실제의 구조 등에 의해 서로 심각한 영향을 받게 된다(Gunstone & Mitchell, 1998).

피아제와 오스벨로 대표되는 구성주의는 개인의 인지 발달과 개념 학습에 초점을 둔 것이었다. 이와 달리, 학습의 더 넓은 사회적 맥락을 제시하는 비고츠키의 관점에서는 아동은 출발점에서부터 사회적인 존재로 간주된다. 피아제는 개인의 인지성장을 촉진하는 데 타인이 중요한 역할을 할 수 있다는 사실을 인식하지만, 주로 타인이 인지 갈등이나 불일치를 창출할 수 있다는 점으로 한정한다. 피아제는 학생들이 사고에 동의하지 않을 때 개념적 성장을 진척시키는 데 있어서 타인의 힘을 인식하였고, 이는 결과적으로 불일치를 해소하는 데 도움이 된다. 또한 학생들이 인지갈등을 겪으면서, 이를 해소하기 위한 토론과 사고의 명료화는 더욱 복잡한 인지구성의 발전으로 이끈다고 주장하였다(Linn & Burbules, 1993). 피아제의 이론은 동료상호작용은 성인상호작용과 다르게, 규칙에 근거한 놀이와 관점의 개인적 발달에 영향을 준다는 사실을 강조하였다(Tudge & Winterhoff, 1993).

개인의 발달에 초점을 두는 피아제와 다르게 비고츠키는 학습에서 타인의 역할에 연구의 초점을 두어왔다. 피아제가 개인으로서의 아동에게 일어나는 발달의 계열을 이해하는 데 연구의 초점을 맞추었다면, 비고츠키는 고등정신 기능은 사회적 상호작용의 결과라고 생각하는 차별화된 관점을 갖고 있었다. 피아제가 아동은 언어적 상호작용을 통하여 다른 아동에게 인지갈등을 제공할 수 있다고 본 반면, 비고츠키는 아동의 사회적 세계를 학습과정에서 가장 중요한 것으로 보았다. 비고츠키는 모든 고차적 정신기능은 개인 간 상호작용의 직접적인 결과에서 유래되는 것이라고 제안하였다. 즉 학습은 개인적인, 개인 내 심리학 차원(개인의 내부)에서 내면화되기 이전에 개인 간 심리학 차원(사람들 사이)에서 일어난다. 예를 들어 어린아이는 낯선 물체에 대한 기존의 도식이나 개념을 갖고 있지 않다. 그저 주위 사람들이 그 대상에 대해 말하는 것을 보고 듣고 느끼고 체화하는 것이다. 네 발 달리고 꼬리를 흔드는 동물에 대해 주위의 사람들이 "개가 꼬리치네", "개 밥 좀 줘라", "개 똥 좀 치워라", "개가 자네" 등의 말을 어린아이는 듣고 보고 느끼고 체화한다. 그런 과정이 수도 없이 반복되면서, 어린아이는 그 동물과 언어와 상황을 반복 경험하면서 '개'를 인식하게 된다는 것이다. 물론 어린아이가 지적으로 성장하여 고등사고 능력이 가능하게 되면, 개인적인 차원에서 내적으로 사고하고 개념화하는 과정을 거치게 된다. 이처럼 새롭고 낯선 대상에 대한 인식은 개인적 차원이라기보다는 사회문화적 차원에서 먼저 발생한다는 것이 비고츠키의 관점이다.

이와 같이 지식 생성에서 사회문화적 측면을 중요하게 생각했던 비고츠키는 개인의 지식구성 과정을 무시한 건 아니지만, 새로운 개념이나 지식의 습득은 개인적 과정이라기보다는 우선 사회적 과정에서 이루어진다는 점을 강조했다.

비고츠키는 가장 강력한 학습의 매개자는 언어라고 주장하면서, 여러 가지 학습의 사회적 매개자를 서술하였다. 그는 아동이 처음에는 단어가 표상하는 의미를 이해하지 못하면서 다른 사람의 단어의 용법을 흉내낸다고 하였다. 그것은 단어의 용법이 동시적인 개념 이해의 확대와 함께, 확장된 의미가 있게 되는 장기간의 사회적 상호작용을 통해서 이루어짐을 말한다(Dixon-Krauss, 1996). 두번째 사회적 인지의 결정적 요소는 비고츠키에 의해 '근접발달 영역'으로 서술되었다. 이 근접발달 영역은 다양하게 정의되었으나, 본질에서는 성인이나 더 능력 있는 동료에게 도움받았을 때 발달할 수 있는 개인의 학습 잠재력을 뜻한다. 비고츠키는 교육자로서의 우리의 관심은 개인의 과거 성취를 측정하는 것 대신에 타인의 도움을 받아 개인이 도달할 수 있는 수준을 이해하는 데 집중해야 한다고 주장하였다. 그의 이론은 개인의 학습잠재력에 초점을 둔 것이다. 비고츠키는 다음과 같이 쓰고 있다. "근접발달 영역은 아직 성숙하지 않았으나 성숙과정 중에 있는, 내일은 성숙할 것이나 현재는 태아 상태로 존재하는 기능들을 결정한다."(Vygotsky, 1978: 86)

비고츠키의 관점에서 본 학습의 사회문화적 본성은 타인과의 활동이 지식구성 과정의 결정요소로 작동한다는 점이다. 구성주의 관점에서 학급을 바라보는 연구자들은 아동이 해석하고 문제를 해결하는 맥락과 사회적으로 풍부한 환경은 아동이 이러한 문제 해결을 위한 전략을 선택하는 데 영향을 준다고 보고하였다(Girotto & Light, 1993; Saxe, 1992). 이는 비고츠키가 개인의 지식에 대해 두 가지 원천에서 서술한 것과 일맥상통한다(Vygotsky, 1962). 그중에 한 가지 지식의 원천은 환경과의 상호작용을 통해서이며 이는 일상생활 지식, 사소한 지식, 직관적 지식, 자발적 지식 등으로 불려왔다. 이런 유형의 지식은 동료와의 상호작용, 언어, 개인이 환경을 이해하기 위한 노력으로서의 경험에 영향받는다. 지식의 또 다른 원천은 학급에서 일어나는 형식교육에서 유래하는 형태다. 이를 통해, 비고츠키는 아동이 의미구성에 있어서 학교 경험뿐만 아니라 일상생활 경험을 사용한다고 결론지었다. 이 두 가지 형태의 경험은 문화적으로 유래하며, 구성된 이해는 아동들이 이러한 사건들을 경험하면서 상대적으로 형식적인 학교 경험을 그들의 학교 밖 경험과 융화시키는 노력을 하는 동안 일어난다고 보았다(West & Pines, 1985). 이러한 방식으로 '일상생활 영역'과 '학교 영역'의 사회문화적 환경은 지식이 궁극적으로 구성되는 과정과 방법에 영향을 미친다.

학습이 기계적으로 암기하는 것 이상이 되려면, 개념은 비임시적 · 비축어적인 방식으로 학습자의 인지구조에 통합되어야 하고, 여기에는 사회문화적 환경이 중요하게 작용한다. 동료들 간의 토론은 학습자가 새로운 경험을 해석하고 정보를 의미 있게 비축어적으로 학습하도록 돕는다. 동료는 학습에 있어서 새로운 지식이 어떻게 잠재적 의미, 즉 오스벨이 말한 학습의 결정적 요소를 가지는지 알 수 있게 서로 돕는다(Ausubel, 1968). 사실 비고츠키는 동료는 비슷한 발달 수준에 있기 때문에, 개인이 의미구성을 하는 데 있어 때때로 성인보다도 더 효과적이라고 주장한다. 즉 그들은 같은 근접발달 영역에 있는 것이다. 학급에서 동료는 교사의 설명을 반복함으로써 혼란스러워하는 학생이 이해할 수 있게 도울 수 있다. 뉴먼 등은 비고츠키의 사회역사적 관점을 계승하여 개념 변화를 사회적 세계와 개인의 변증법적 상호작용 과정이라고 하였다(Newman et al., 1989). 그들은 개인 간 심리학적 차원이 문화적 인공물들에 의해 매개되어 근접발달 영역을 통과하여 개인 내 심리학적 차원으로 통합된다고 주장하였다. 과학교육 연구는 학습에 대한 비고츠키의 관점을 받아들여 개인의 인지 발달에서 사회적 상호작용을 중요하게 생각한다. 개념 변화 과정의 촉진을 위해서는, 근접발달 영역에서 교사 혹은 또래에 의한 교수적 중재를 통해 개인의 인지에 내면화하는 과정이 요구된다.

사회적 구성주의: 상황 학습

사회적 구성주의 관점에 더하여, 레이브와 웽어는 '상황 학습(situated learning)' 이론을 제시하였다(레이브 · 웽어, 2000). 그들에 따르면, 학습이란 사고를 통한 명제적 지식의 획득이라기보다 공동체의 활동에 '참여'하는 것 자체를 말한다. 또 참여에서 모든 행동의 교류, 특히 대화를 형성하는 사회적 언어는 학습을 중재하는 것으로 중요하게 다룬다. 우리는 살아가면서 다양한 공동체에 속하게 마련이다. 그 예로, 우리는 누구나 집, 직장, 학교 그리고 취미생활에서 어떤 실천 공동체(Community of Practice)에 속해 있다(웽어, 2007). 실천 공동체는 비형식적으로 우리 일상의 삶에 깊숙이 개입하고 있어서 밖으로 드러내기 어려운 경우가 많다.

레이브와 웽어의 이론에서는 개인의 인지 과정을 무시하지는 않지만 공동체 내의 실천 행위에 참여하는 것을 보다 근원적인 학습으로 파악한다. 즉 공동체의 실천 행위에 참여하면서 지속적이고 암묵적인 경험이 축적되는 과정에서 학습이 일어난다고 본다. 실천 공동체에서 학습이 일어나는 것을 설명하는 데 있어 중요한 개념은 '의미의 협상(negotiation of meaning)'과 '객체화'다. 우리가 실천 공동체에 적극 참여하고 경험하면서 그 경험 내용이 의미를 갖게 되는 과정을 '의미의 협상'이라고 한다. 또한 서로의 의미에 관해 협상하고 새로운 의미를 창출하는 데 기준을 부여하는 것은 경험에 형태를 부여하는 '객체화' 과정이라 할 수 있다. 예를 들어, 단어는 의미의 반영물로서 하나의 객체화다. 한편 얼굴을 마주보고 진행하는 대화에서 주고받는 말은 아주 순간적이지만 서로가 대화에 참여하는 가운데 단어의 여러 의미를 알게 된다. 또한 단어가 있음으로써 소통이 원활하게 일어날 수 있는 탄탄한 지름길이 생기기도 한다. 따라서 의미란 객체화, 즉 인공물의 매개를 통해서, 그리고 세상에 직접 참여하면서 세상과 부단히 교류하는 과정에서 창출되어 나오는 것이다(웽어, 2007).

실천 공동체에서의 학습이란 같은 목표를 공유한 공동체의 활동에 참여 정도를 확대하는 과정이라 할 수 있다. 학습의 주체는 단순히 독립적인 한 개인이 아니라, 공동체의 활동에 참여하고 있는 사람들이며, 공동체가 생산하는 지식과 탐구 방법은 이러한 참여자들에게 분배되고 공유된다. 이때 공동체의 초보자는 주변에서 참여(peripheral participation)하기 시작하여 점차 그 역할을 확대함으로써 공동체의 성장에 기여함은 물론 자신의 학습을 발전시킬 수도 있다. 이러한 자기 발전 및 공동체 성장의 핵심적인 전제 조건은 바로 실제적인 참여와

객체화의 상보적 과정을 통한 의미의 형성이다.

상황 학습 이론에서는 학교 교육, 즉 교실 학습에 참여하는 구성원을 동질 집단으로 간주하지 않는다. 한 교사가 동일한 교과 내용을 여러 반의 학생들에게 가르친다고 할 때, 각 교실수업은 그 교실의 독특한 상황에서 학습이 이루어진다고 보아야 할 것이다. 서울의 한 과학교실과 산간벽지의 한 과학교실의 수업 상황이 다른 것과 마찬가지로, 서울의 과학교실 두 곳에서도 각각 상황이 다르다. 수업 시간이 다르고(점심을 먹기 전과 먹은 후가 다르고), 교실 환경이 다르고(조도, 공기, 공간 등의 물리적 환경), 또한 학생들이 다르다. 그뿐만 아니라 특정 시공간에서 과학교사의 신체적이고 정신적인 컨디션도 다르다. 특히, 학생들이 어떤 태도와 의도를 가지고 학습에 임하는가, 교사와의 상호작용이 순간순간 어떻게 변화하는가 등의 관계로부터 발생하는 상황은 특유한 학습 과정 자체를 형성하게 된다. 따라서 학습을 하나의 결과로 보는 관점보다는 과정으로 보는 관점이 부각된다. 또한, 학습 과정 내에서 학습자가 실질적으로 어떻게 참여하고 수행하는가가 중요하다.

이러한 학습의 사회문화적 관점 혹은 상황 학습의 이론은 개인의 학습이 환경과의 상호작용에서 일어나는 것으로 보기 때문에(Greeno et al., 1996), 학습이 '상황화'되어 있다고 한다(레이브 · 웽어, 2000). 즉 학습은 항상 특정 상황에서 일어난다는 의미가 되며, 상황 학습 관점에서 지식이란 우리가 말하고 행동하면서 우리 자신에게 일어나는 것을 역동적으로 구성하는 것이라 할 수 있다.

3부

과학 개념 변화의 연구 전통

5장

개념 변화의 본질과 관점은 어떤가?

학습에서 개념 변화가 주목받기 시작한 것은 학습에 대한 경험주의 관점으로부터 구성주의 관점으로 변화하는 과정에서였다. 이는 현대 과학철학의 흐름과 무관하지 않다. 귀납주의와 실증주의를 토대로 한 경험주의는 지식이 축적될 수 있는 것이라고 본 반면, 영국의 철학자 포퍼(K. Popper)의 반증주의와 쿤(T. Kuhn)의 과학혁명 및 라카토스(I. Lakatos)의 연구 프로그램을 위시한 현대 과학철학을 토대로 한 구성주의는 지식이 구성되는 것이라고 본다. 경험주의와 구성주의의 큰 차이는 학교 과학교육에서 학습을 무엇으로 볼 것이냐, 그리고 어떻게 교수학습해야 하는가에 직접 연결된다. 구성주의에 따르면 학습은 개념 변화로 간주한다. 학생들은 이미 자연 세계에 대해 생각을 하고 교실에 들어오기 때문이다. 따라서 학생들의 개념을 어떻게 받아들이고, 어떻게 다루어야 할지가 교수학습의 핵심이 된다.

과학 학습을 개념 변화로 볼 때, 개념 변화를 촉진하는 일은 과학교육에서 핵심이 된다. 그러나 개념 변화가 무엇이며 어떤 과정에 의해 이루어지는지에 대한 주장은 학자마다 또 그 시기에 따라 다양하다. 개념 변화 연구 초기에는 개념 변화의 개인적이고 인식론적인 과정이 강조되었다. 반면, 후기로 갈수록 초기의 관점을 포함하여 사회적이고 심리학적인 과정으로 확장되었다. 이와 관련하여, 이 장에서는 개념 변화 연구 전통에서 개념 변화의 본질과 과정에 대해 논쟁이 되었던 몇 가지 논제를 다루고자 한다.

개념 변화는 혁명적인가? 아니면 점진적인가?

개념 변화 유형에 대한 아이디어는 과학철학의 영향을 받았다. 과학 학습에 영향을 미쳤던 과학철학적 관점은 쿤과 라카토스에 의해 제기되었다고 볼 수 있다. 쿤은 과학자 사회의 합의에 의한 공통의 견해를 '패러다임(paradigm)'이라 하였으며, 그 패러다임에 기초하여 행해지는 과학 활동을 '정상과학(normal science)'이라고 하였다. 라카토스는 과학자들의 공통 견해를 '이론적으로 견고한 핵(hard core)'이라 하고 이를 바탕으로 '연구 프로그램(research program)'이 행해진다고 하였다. 정상과학은 패러다임 내에서 활발하게 이루어지며 패러다임은 정상과학이 해결해야 할 문제를 제공하고 해결 방안도 제시한다. 그러나 패러다임이 해결할 수 없는 이상(anomaly) 현상이 도래하고 그 이상 현상까지도 명확하게 해결할 수 있는 새로운 이론을 과학자 사회에서 인정하게 되면 새로운 패러다임에 의해 과학 활동이 행해지며, 이러한 과정을 과학혁명(scientific revolution)이라 한다. 쿤의 과학혁명에 대응하는 것이 라카토스의 연구 프로그램의 변화로 볼 수 있는데, 연구 프로그램은 경쟁적인 연구 프로그램에 대해서 진보하거나 퇴행한다. 이러한 과학지식의 발달 패턴이 개념 변화에 적용되었다(Posner et al., 1982).

과학혁명에 대한 아이디어, 즉 개념 변화는 종교에서 개종과 같은 신념의 변화를 포함한다는 주장은 학생들의 과학 개념 변화가 개념 교체 혹은 강한 개념 변화에 해당한다는 제안으로 이어졌다. 초기 개념 변화 모형의 제안자였던 포스너 등(Posner et al., 1982)과 휴슨(Hewson, 1981, 1982)은 과학의 역사와 철학에서 당대의 해석이 과학 공동체 지식에서 변화를 나타낸다는 것에 비유하여 학습을 합리적 관점으로 보는 견해를 취한다. 이때 패러다임이나 견고한 핵은 학습자의 개념 생태 요소 중에서 학습의 중심을 이루는 '확신 근거'를 일컫는다. 이 논리에 따르면, 개념 변화가 일어나는 것은 과학 공동체의 사회적 · 심리적인 배경의 영향과 혁명적인 패러다임의 전환과 같은 것으로, 학습에서 조절(accommodation), 개념 교환(conceptual exchange) 또는 강한 재구성(strong reconstruction)이 일어나야 한다는 것을 의미한다. 새가드가 제시한 개념이 위계적으로 조직된 개념체계를 구성하고 있으며, 개념 간의 관계를 규칙을 갖고 서로 연계되어 있는 조직망으로 상정하고, 중요한 개념 변화 유형으로 개념 조직의 재분류(표 5-1에서 8에 해당)와 새로운 개념체계로의 대체(표 5-8의 9에 해당)로 분류한 것은 이와 같은 맥락이다.

쿤은 그의 저서 『과학혁명의 구조』에서 과학사에서 중요한 개념 변화의 사례들을 제시한다. 대표적인 사례로서 창조론 대 진화론, 뉴튼 역학 대 상대론, 플로지스톤설[2] 대 산소연소설, 천동설 대 지동설

2 플로지스톤설에 따르면 타고 있는 물질은 플로지스톤을 배출한다고 본 반면, 산소연소설에 따르면 타고 있는 물질은 산소와 결합하는 현상이다. 플로지스톤설은 1700년경에 독일의 베허와 슈탈이 정립했고, 18세기 화학에서 상당한 설득력을 가진 최고의 이론이었다. 플로지스톤파 화학의 선두주자였던 프리스틀리(Joseph Priestley, 1733~1804)는 연소 과정에서 연소를 돕는 기체(라이브지에가 산소라고 명명함)를 발견하고 플로지스톤을 탈출시킨다는 의미로 '탈플로지스톤 기체(dephlogisticated air)'라고 명명하였다. 또한 탄 물질의 무게가 증가한다는 사실을 설명하기 위해 플로지스

표 5-1 개념 변화의 유형

저자	정보 첨가	쉬운 개념 변화	어려운 개념 변화
Kuhn(1970)		정상 과학	혁명 과학
Lakatos(1970)		약한(soft-core) 변화	강한(hard-core) 변화
Posner et al.(1982); Strike & Posner(1992)		동화	조절
Hewson(1981, 1982)		개념 획득	개념 교환
Carey(1986)	단순 첨가	약한 재구성	강한 재구성
Vosniadou(1994)	단순 축적	약한 재구성	급격한 재구성
Chi et al.(1994)	연관된 축적 (첨가된 정보)	재분류	존재론적 변화
Duschl & Gitomer (1991), Laudan(1984)	새 개념의 점진적 또는 진보적 발달		
Thagard(1992)	1 2 사례 첨가	3 4 5 연속	6 7 8 9 존재론적 변화

자료: Harrison et al., 1999.

등이 그것이다. 정확히 같은 단계를 따르진 않아도 과학사에서 나타나는 개념 발달과 학생의 개념 발달 사이에는 유사성이 있다는 증거가 있다(Sequrie & Leite, 1991). [표 5-2]는 힘과 운동에 관련된 학생들의 오개념과 과학사에서 나타났던 유사한 생각들을 대비해 정리한 것이다. 학생들 사이에서 발견되는 주요 오개념들은 이미 과학사에서 발견할 수 있는 사례들이기 때문에 교사들은 그에 대한 지식으로부터

톤설을 주장하는 자들은 플로지스톤이 "음의 무게"를 가지고 배출되는 것으로 가정해야 했다. 반면, 18세기 말에 라브아지에(Antoine-Lavoisier, 1743~1794)는 연소 현상을 플로지스톤설과 반대로 해석하여, 공기 중에서 물질이 탈 때 플로지스톤을 잃는 것이 아니라 공기이 어떤 성분과 합쳐지기(산소를 얻기) 때문에 질량이 증가한다고 설명하였고, 산소를 핵심으로 한 새로운 화학체계를 열었다.

표 5-2 힘과 관련된 학생들의 오개념과 과학사

뉴턴의 생각	학생들의 생각	과학사의 생각
무거운 물체는 가벼운 물체와 마찬가지로 같은 속도로 떨어진다	무거운 물체는 가벼운 물체보다 빨리 떨어지며 속도는 점점 증가한다	속도는 떨어지는 동안에 증가한다(Albert de Saxe, 13C)
진공에서 모든 물체는 같은 가속도로 떨어진다	진공에서 물체는 떨어지지 않는다	진공에서 자유낙하는 불가능하다(Aristotle, B.C. 4C)
중력은 거리에 관계된 힘이다. 물리적 접촉 없이도 어떤 거리에서나 작용할 수 있다	중력은 물리적인 접촉이 필요하다. 진공에서는 움직일 수가 없다	중력은 힘이 전파될 때 물리적 접촉이 필요하다 (Averroes, 13C)
물체는 외부의 알짜힘이 없다면 일정한 속도로 움직이던 물체는 일정한 속도로 계속 움직이려고 한다	운동방향으로 힘이 작용한다	운동은 기동력에 의해서 지속된다(Buridan, 14C)
물체는 운동과 반대방향으로 힘이 작용하면 멈춘다	물체는 모든 힘을 다 소비했을 때 멈춘다	물체는 기동력이 없어질 때 멈춘다(Buridan, 14C)
운동과 정지는 유사한 법칙으로 지배되는 현상이다	운동과 정지는 다른 규칙이 지배하는 상태다. 정지는 설명할 필요가 없는 자연스러운 상태다	물체가 강제 운동을 할 때 공기는 일정한 속력을 갖게 한다(Aristotle, B.C. 4C)
일정한 힘은 일정한 가속도를 갖게 한다	일정한 힘은 일정한 속력을 갖게 한다	물체가 강제 운동을 할 때 공기는 일정한 속력을 갖게 한다(Aristotle, B.C. 4C)
힘은 가속도에 비례한다	힘은 속도에 비례한다	기동력은 속도에 비례한다 (Buridan, 14C)
속도가 느려지는 운동은 마이너스 가속도에 의해서 일어난다	속도가 느려지는 운동은 운동방향 힘의 감소에 의해서 일어난다	속도가 감소하는 이유는 기동력이 감소하기 때문이다 (Buridan, 14C)
힘은 물체 사이에 상호작용 때문에 쓰인다	물체는 힘을 소유하거나 획득한다	물체는 기동력을 획득하거나 증가할 수 있다 (Buridan, 14C)

자료: 권재술 · 김범기, 1993, 이선경 · 김우희, 1995 재인용.

학생들의 오개념을 예상할 수 있을 것이다. 이에 따라 교사는 학생들의 개념 변화를 고무하기 위해 '학생들의 개념'에서 '현재의 과학 개념'으로 변화하는 역사적 단계를 이용할 수 있다.

그런데 과학사에서 나타나는 개념들이 확립되거나 폐기되는 과정이 힘들게 이루어지듯이, 학생들이 가지고 있는 일부 개념들도 견고하여 변하기 어렵다. [표 5-2]에서처럼, 역학 학습에서 많은 학생은 중세 과학자들이 주장했던 임페투스 이론(impetus theory)을 믿고 있다. 즉 학습자가 어린 시절에는 아리스토텔레스 역학의 개념 특징을 많이 가지고 있는데, 이는 아리스토텔레스의 개념이 이론화되고 추상화되기 이전의 과학 개념으로서 경험적이고 일상적 사고의 특징을 보이기 때문이다. 따라서 역사적으로 운동에 대한 이론이 중세 아리스토텔레스의 해석에서 새로운 운동 개념으로 바뀌기에는 과학자들의 '패러다임 전환(paradigm shift)'이라는 혁명적인 과정이 필요했던 것처럼 학생들의 개념 변화도 혁명적 과정이 필요하며, 이는 쉽지 않은 과정이라는 점이 강조된다.

그러나 학습자의 개념 변화가 과학사에서 보고되는 혁명적 개념 변화와 항상 같은 단계를 따른다고 볼 수 있을까?

혁명적 개념 변화가 하나의 과학 이론이 새로운 과학 이론으로 발달해가는 과정이라 한다면, 당대의 과학 이론 내에서 하위 개념들이 추가되거나 혹은 정교화되는 점진적 수준의 개념 변화도 존재한다. 학습자의 경우에는 혁명적 개념 변화의 경험은 자주 일어나는 것이 아니지만, 점진적 수준의 개념 변화는 일상적으로 혹은 학교 수업 단위에서 이루어질 수 있다. 대부분의 과학 학습은 이론의 변화, 즉 과학적 체계의 전환보다는 하나의 과학적 체계 안에서 개념들 간의 관계 변화를 요구하는 것이기 때문이다. 캐리(Carey, 1986)와 보스니아도(Vosniadou, 1994)는 강한 개념 재구성이나 조절뿐만 아니라 약한 개념 변화도 중요한 학습의 일환으로 간주한다. 이 관점은 초기 개념 변화 이론에서 동화 또는 개념 획득에 해당된다(Hewson & Hewson, 1992).

약한 재구성은 새로운 사실이 첨가되거나 기존 개념 간의 새로운 관계가 생성되는 것을 의미한다. 새가드는 개념 변화의 정도를 아홉 단계로 구분하고, 새로운 사례 추가 또는 기존 사례의 삭제와 같은 단순 유형의 확신 교정으로 해석 가능한 것과 분해, 병합과 분화, 새 개념 도입, 붕괴 등을 제안하였다(Thagard, 1992). 라카토스와 툴민은 과학 개념의 발달은 점진적 변화의 누적으로 발달한다는 진보적 견해를 서술하였다. 이들의 주장에 따르면, 실제로 혁명적 개념 변화는 점진적인 변화들의 누적에 의해서 일어난다.

개념 변화는 인식론적 과정인가? 아니면 심리학적 과정인가?

개념 변화의 초기 주창자들은 쿤의 인식론을 토대로 학습을 학습자의 개념 변화가 종교적 개종과 같은 패러다임 변화, 즉 혁명적 과정으로 설명하는 개념 변화 모형을 제안하였다(Hewson, 1981, 1982; Posner et al., 1982). 이들은 학습의 인식론적 과정을 강조하였는데, 개념 변화의 맥락을 구성하는 개념 생태 요소 중에서 가장 중요한 것으로 인식론적 확신 근거(epistemological commitment)와 일반화(generalization)를 강조하였다. 그들은 개념 변화의 합리적인 과정을 개념 지위가 상승하고 하강하는 것으로 설명하였다. 또한 이해 가능성, 믿을 만함, 유용성, 불만족 등의 조건으로 결정되는 개념의 지위를 개념 변화 과정의 중심으로 보았다. 따라서 개념 변화 교수 학습에서 개념 변화 조건이 충족된 정도를 나타내는 개념 지위의 변화를 통해, 즉 현재 개념의 지위를 낮추고 수업에서 제시되는 새로운 개념의 지위를 높이는 것이 학습의 중점이 되었다. 개념 변화 학습이 효과적으로 일어나려면, 학습의 주체인 학습자가 자신의 개념 지위를 능동적으로 판단할 수 있어야 하고, 그러기 위해서는 스스로 사고 과정을 노출하여 평가할 수 있어야 한다. 이런 맥락에서 개념 변화의 중요한 전략 중 하나는 개념의 지위를 성취하기 위해 초인지(metacognition)를 이용하는 것이다.

휴슨과 헤네시는 개념의 지위를 형성하는 조건에 초점을 맞추고 개념 변화 과정을 조명하였다(Hewson & Hennessey, 1991).(표 5-3) 이들은 초등학교 6학년 학생들에게 이해 가능성, 믿을 만함, 유용성의 용어를 익혀 학습에서 자신의 개념의 지위를 평가할 수 있게 한 다음, 개념의 지위를 분명히 결정하는 전략을 통한 개념 변화를 사례 연구로 제시하였다. 학생들은 스스로 개념의 지위를 나타내는 용어를 구사하여 자신의 개념을 표현하였다. 이런 전략은 개념 변화에 효과적이라는 결과를 가져왔다. 지위의 표현 용어들을 사용하면서 개념 변화를 경험하는 사례 연구의 제시는 그 과정이 매우 합리적임을 보여준다. 이에 더하여, 새가드는 과학 학습에서 개념의 지위를 초인지로 이용하는 토론 수업이 효과적임을 강조하였다(Thorley, 1990).

초인지의 하나로서 개념의 지위를 판단하는 것은 교수 전략으로도 적용될 수 있다. 드종 등은 구성주의 학습관에 따른 교수 활동은 개념 변화를 가능하게 하는 조건을 창출해야 한다고 주장하면서, 개

표 5-3 개념 변화 모형의 기술적 용어들

생각/개념	기술적 용어
나에게 이해 가능하다 (intelligible)	• 나는 그 개념이 의미하는 것을 알아야 한다 – 단어는 이해할 수 있어야 한다 – 단어를 이해시킬 수 있어야 한다 • 나는 나 자신의 표현으로 묘사할 수 있어야 한다 • 나는 예를 제시할 수 있다 – 속하는 예제들 – 속하지 않는 예제들 • 나는 내 생각을 다른 사람에게 표현하는 방법을 안다 – 그리거나 묘사함으로써 – 그것을 설명하거나 대화함으로써 – 개념도를 사용함으로써
나에게 믿을 만하다 (plausible)	• 그것은 처음에 이해 가능해야 한다 • 나는 이것이 실제 현상에서 – 진실이라는 것 – 그것이 현상에 대한 그림에 적합해야 한다 • 그것은 내가 알고 있거나 믿는 것에 관한 개념이나 다른 생각에 적합해야 한다 • 그것은 수단이다 – 나는 나에 관한 것을 알아야 한다 – 나는 작동하는 것을 알아야 한다
나에게 유용하다 (fruitful)	• 그것은 처음에 이해 가능해야 한다 • 그것은 그럴듯해야 한다 • 나는 그것이 유용하다는 것을 안다 – 그것이 내가 문제를 해결하는 데 유용하다 – 그것이 새로운 방법에 대한 생각을 설명하는 데 유용하다 • 나는 다른 생각에 그것을 응용할 수 있다 • 그것은 나에게 심도 있는 연구와 탐색을 위해 새로운 생각하도록 한다 • 그것은 어떤 것의 더 나은 설명이다 – 그것은 새로운 방법이다

자료: Hewson & Hennessey, 1991.

념 변화를 위한 네 가지 조건으로, 필요성(현재 개념의 불만족을 의미), 이해 가능성, 믿을 만함, 유용성을 도입하여 교수의 평가 기준으로 사용하였다(De Jong et al., 1995). 연구 사례로 산화 · 환원을 가르칠 때 발생하는 문제점들을 위의 네 조건에 비추어 두 가지씩 보고하였다. 그들은 연구 결과를 통해, 개념 변화를 위해 교수 개념의 변화와 교수 활동의 재구성에 교사의 학습 과정에 초점을 둔 연구가 필요하다고 제언하였다.

헤네시와 비스는 개념 변화 학습에서 초인지의 필요성을 전제로 초인지적 반성의 다섯 가지 유형을 보고하였다(Hennessey & Beeth, 1993). 이들 유형은 개인적 구인 또는 지식 주장에 대한 반성, 구인 또는 지식 주장의 배후에 놓인 추론에 대한 반성, 구인 또는 지식 주장에 내재적인 함의 또는 제한점에 대한 반성, 개념의 지위에 대한 반성, 개념 생태의 구성 요소에 대한 반성이다. 이런 초인지의 능력은 학습자에 따라 다양하며, 학습이 가능하고, 개념 생태의 구성 요소와 개념에 추론과 정당화에 대한 통찰력을 제공하기 때문에 지속적으로 초인지에 몰두하는 것이 개념 변화를 촉진하는 데 필요하다고 결론짓고 있다.

개념 생태는 개념 변화 과정에서 개념의 지위를 설명하기 위해 사용된다. 비스는 개념의 지위에 변화를 가져오는 개념 생태의 요소들로 1) 변칙 사례의 경험, 2) 새 정보, 3) 과거 정보에 대한 새로운 사고방식을 언급하였다(Beeth, 1993). 이때 2)와 3)은 개념 획득으로 현재 형태에서 새로운 개념을 확인하는 것이다. 하지만 변칙 사례에 대한 개인 경험이 개념 생태의 구성 요소와 서로 맞지 않으면 다음의 경우가 발생한다.

① 새로운 개념이 거부, 또는 최소한 임시적인 것으로 남아 있다.

② 새로운 개념이 기계적으로 학습된다.

③ 새로운 개념과 현재 개념이 조화를 이룰 때, 새로운 개념이 현재 개념에 흡수된다.

④ 새로운 개념과 현재 개념이 조화를 이루지 못할 때, 새로운 개념이 현재 개념과 교체된다.

⑤ 개념 생태의 구성 요소가 변경되어 새로운 개념이 조절된다.

위에서, 세 번째 경우는 동화에 해당하는 것으로 현재 개념으로 새로운 개념을 취급하는 것을 의미하며, 개념을 획득하는 것이다. 반면 네 번째와 다섯 번째는 중심 개념을 대체하거나 재조직하여 개념을 교환하는 것으로 조절을 의미한다. 개념 변화 모형이 중요한 개념 변화로 간주하는 것은 조절이 일어날 때이며, 이는 현재 개념의 지위가 낮아지고 새로운 개념의 지위가 높아지는 것을 의미한다.

변칙 사례를 위시한 기타 요소들로 구성되어 있는 개념 생태는 개념들이 따로 떨어져서 독립적으로 존재한다기보다는 한 생태계의 일부로 학생들의 인지 구조에 존재하며, 그 관계 때문에 개념 변화가 어려운 이유를 설명한다(Strike & Posner, 1985). 개념의 지위를 나타내는 조건과 개념 생태의 관련성은 [표 5-4]와 같으며, 개념 생태의 모든 구성 요소는 믿을 만함의 조건을 만족하는 것으로 제시된다. 개념 변화는 이들 개념 생태의 구성 요소와 학습자의 현재 개념과의 상호작용의 결과다. 개념 생태의 구성 요소는 개념들뿐 아니라 문화, 언어, 비유, 지식을 보는 관점, 정의적 영역, 과거 경험 등 광범위한 의미로 사용된다. 그러나 연구자는 개념 생태의 모든 구성 요소를 대화 도중

표 5-4 조절이 일어나는 조건과 개념 생태 구성 요소의 관계

개념 생태의 구성 요소	조절 조건			
	불만족	이해 가능성	믿을 만함	유용성
변칙 사례	○		○	○
비유, 은유		○	○	
예, 이미지		○	○	
인식론적 확신 근거	○		○	
형이상학적 신념, 개념	○		○	
과거 경험	○		○	○
기타 지식	○		○	○

자료: Beeth, 1993; Strike & Posner, 1985.

에 쉽게 판별해낼 수는 없다. 비유, 은유, 예, 이미지 등은 개념의 이해 가능성을 나타내주며 대화에서 확인하기 쉬운 반면에, 인식론적 확신 근거, 형이상학적 신념, 변칙 사례의 인지 또는 조절은 개념 발달의 과정인 개념 지위의 변화에 영향을 주기 때문에 대화에서 직접 확인하기 어려우며 연구자의 해석으로 확인할 수 있다(Beeth, 1993).

개념 생태에 초점을 맞춘 연구들은 과학 개념의 형성 및 변화 과정에서 개념 생태의 역할을 다양하게 조명하였다. 개념 생태에 관한 연구는 크게 개념 형성에서 문화적 지식인 언어의 은유 역할(Hewson & Hamlyn, 1984), 대안 개념에서 언어와 문화의 영향(Lynch, 1996), 개념 간의 상호 관련성과 특정 개념의 역할(박현정 · 김찬종, 1997), 학습 및 특정 개념에서 개념 생태의 확인(Hesse & Anderson, 1992; Hulland & Munby, 1994; Posner et al., 1982; Watson et al., 1997), 수업 전략(Stavy, 1991a)으로 구분할 수 있다.

개념의 형성에 개념 생태가 어떤 영향을 미치는지를 조사하기 위하여 휴슨과 햄린은 건조하고 더운 기후인 아프리카에 거주하는 소토(Sotho) 집단의 열 개념을 탐색하였다(Hewson & Hamlyn, 1984). 그 결과, 개념 형성에서 개념의 지적 환경으로 작용하는 개념 생태의 요소로서 문화적 지식의 역할을 보고하였다. 휴슨은 연구 결과를 통해, 건조한 기후에서 생활하는 소토 사람들은 열의 입자적인 성질에 대한 언어적 은유를 일상적으로 사용하므로, 자연스럽게 열을 분자 운동론으로 이해하고 있다고 보고하였다. 린치는 물질의 본성에 대한 학생들의 대안 개념틀에 미치는 언어와 문화의 영향을 연구하였다(Lynch, 1996). 영어와 타갈어를 사용하는 학생들의 대안 개념틀을 비교한 결과 문화적 영향이 나타났으며, 브란어와 영어에 있어서는 문화와 언어가 각각 부분적으로 영향을 미치고 있다고 보고하였다. 박현정과 김찬종(1997)은 개념 생태학적인 접근으로 초등학교 학생들의 빛에 대한 개념과 달의 위상 변화 개념 사이의 관련성을 탐구하였다. 연구 결과, 학생들이 지닌 달의 위상 변화 개념은 다양하며, 빛의 직진, 반사, 산란 개념이 달의 위상 개념에 영향을 주는 것으로 보고하였다. 또한 산란 개념이 가장 중요한 역할을 한다는 결과를 통해, 개념 간에 상호 관련성의 이해와 더불어 우세한 영향을 미치는 관련 개념을 파악하고 이를 학습에 적용해야 할 필요성을 시사한다.

포스너 등은 대학 물리 과정에 있는 학생과 교수를 대상으로 아인슈타인의 상대성 원리에 대한 학생들의 개념 및 동화와 조절에 영향을 미치는 개념 생태에 대해 조사했다(Posner et al., 1982). 연구 결과를 통해, 1) 변칙 사례, 2) 원형 예와 이미지, 3) 과거 경험, 4) 비유와 은유, 5) 인식론적 확신 근거(일관성과 일반화), 6) 형이상학적 신념과 개념, 7) 기타 지식을 개념 생태의 중요한 구성 요소로 파악하였다.

헤세와 앤더슨의 연구는 학습에서 개념 생태의 중요성을 보고한다(Hesse & Anderson, 1992). 그들은 학습이 학생들의 개념 생태의 많은 양상을 포함하는 복잡한 과정으로 규정하고, 개념 변화 수업을 위하여 고등학교 화학을 학습하는 학생들에게 세 가지 산화-환원 반응을 설명하도록 요청하였다. 학생들의 응답을 개념 생태적으로 분석한 결과, 세 가지 인지적 수준에서 어려움을 겪는 것으로 나타났다. 즉, 변화와 연관된 특정 사실과 이론의 서술을 포함하는 화학적 지식(chemical knowledge), 물질의 보존이 화학 변화에 어떻게 적용되는지를 이해하는 보존 추론(conservation reasoning), 화학자의 설명 규범(explanatory ideals)으로 구분하였다.

훌랜드와 문바이는 개념 생태의 특성으로 아동이 새로운 경험을 의미 형성할 때의 접근법에 관해 연구하였다(Hulland & Munby, 1994). 이 연구에서, 여름 캠프 기간 동안 습지 주변 생태계를 이해하는 방식에서 뚜렷하게 다른 의미 형성 접근법을 보여준 두 아동의 개념 생태를 서술하였다. 습지에 대한 사전 지식이 풍부하고 언어 사용 능력이 뛰어난 한 아동은 과학적 접근법을 채택하여 현상에 의미를 부여하였다. 반면에 뇌성마비로 언어를 잘 사용하지 못하고 관련된 배경 지식이 거의 없었던 다른 학생은 관찰한 사실에 의미를 부여하기 위해 일련의 관련된 이야기 및 은유를 만들어냈다. 그러나 연구자들은 두 아동의 의미 구성 방법에는 현저한 차이가 있었으나, 의미 구성 유형은 개념 생태에 존재하는 기존 개념이나 도식이 새 정보와 연관되어서 유사하다고 보고하였다.

왓슨 등은 연소에 관한 14~15세 학생들의 개념 연구에서 일련의 질문에 대한 설명 유형을 서술하였다(Watson et al., 1997). 학생들의 설명 유형에서 설명일관성의 정도와 그것이 어떻게 개념 변화 과정에 영향을 주는지에 통찰력 있는 이해를 위한 분석을 시도하였다. 이들은 개념들 사이의 변화가 복잡하다는 관점에서 변화 과정은 상당한 시간에 걸쳐 일어날 수 있기 때문에 학생들의 비일관적 설명을 개념 변화의 지시자(indicator)로 간주하였다.

개념 생태의 구성 요소가 개념 변화를 창출하는 맥락을 제공한다는 측면에서, 스태비는 효과적인 학습 전략을 위하여 수업에서 특정 요소들을 이용, 고려해야 한다고 주장하였다(Stavy, 1991a). 스태비는 학생들이 알지 못하는 또는 다르게 알고 있는 상황을 이해하는 데 강력한 도구로서 비유(analogy)를 사용할 것을 제안하였다. 비유적 사고는 일상생활에 일반적으로 사용하고 있으며, 새로운 상황이 너무 복잡하고 이상하여 직접 다루지 못할 때 더 익숙한 신호(sign)를 사용하여 가능한 부분을 표현할 수 있다. 연구에서 적절한 비유는 오개념을 극복하며 학습의 자연스러운 기제로서 좋은 교수전략의 하나로 사용할 수 있으며, 갈등을 해결하는 역할을 하여 개념 변화를 촉진하는 것으로 확인되었다.

여기까지 살펴본 개념 생태 연구는 학습을 합리적 과정이라고 하는 관점을 기초로 한다. 개념 변화는 언제나 합리적 과정으로 진행되는가? 그렇지 않다. 개념 변화는 언제나 합리적이고 이성적인 과정으로만 일어나지는 않는다. 따라서 수정된 개념 변화 이론에서 학습자가 갖는 개념은 학습자가 개념 생태계가 작용하는 대상이자 그 일부분이며, 이 개념 생태계의 요소로 동기, 목표, 교육적 및 사회적 근원 등이 고려되어야 한다(Strike & Posner, 1992).

여러 연구자는 개념 변화를 경직되고 합리적인 관점에서 보는 한계를 지적하면서, 개인의 인지에만 강조할 것이 아니라 총체적 개인의 관점에서 개념 변화를 파악해야 한다는 관점을 제기하였다(Duit, 1991; Hashweh, 1986; Strike & Posner, 1992). 스트라이크와 포스너는 학생의 개념은 과학자의 패러다임과 다르기 때문에 과학에서 패러다임의 변화 과정과같이 현재 개념에 '변칙 사례'를 적용하여 개념 변화를 유도하는 것이 항상 옳은 것은 아니라고 지적한다(Strike & Posner, 1992). 하슈웨는 개념 학습에서 초기 개념 변화 모형이 과학철학에 근거하여 제안되었기 때문에 개념 안정의 심리적 과정과 개념 변화의 심리적 과정을 구별해서 강조하지 못하고, 심리적 과정들에 관련된 외적 조건을 밝혀내지 못했다고 비판하였다(Hashweh, 1986). 하슈웨는 개념 안정과 개념 변화에서 신념의 심리적 요인과 학교 수업 요인(교사의 선입관과 학생에 대한 몰이해, 평가방법)의 역할에 대하여 논하였다. 듀잇은 개념 변화 학습이 이루어지려면 새로운 개념에 대한 감정적인 저항을 극복해야 하기 때문에, 개념 변화에서 인지적 측면과 정의적 측면을 통합하는 새로운 교수 전략의 중요성을 강조하였다(Duit, 1991).

여러 연구자는 개념 변화와 학습이 역동적 · 발달적이고 사회적 · 정의적 요소를 포함하여 다양한 요소에 영향을 받는다고 주장한다(Pintrich et al., 1993; Strike & Posner, 1992; Tyson et al., 1997). 스트라이크와 포스너는 오개념이 개념, 즉 학생의 인지 구조와의 관련성을 뛰어넘어 과학에 대한 인식론과 형이상학적 신념, 학습에 대한 태도 등과 어떠한 상호작용을 하는지를 살펴보는 것이 중요하다고 역설한다(Strike & Posner, 1992). 핀트리치 등의 연구에서는 교실의 맥락적 요인이 개념 변화의 동기와 인지적 요소에 동시에 상호작용적으로 영향을 준다고 하였다(Pintrich et al., 1993). 학습자의 개체발생적 개념 변화 과정은 이성적인 과학연구 과정에 비해서 개인적 관심, 동기, 사회적 및 역사적 요소와 같은 비이성적인 변화 특성이 있다는 것이다. 그들은 학습에서 인지적인 요소와 동기적인 요소의 연관성을 확립하는 것이 중요하며, 목표 지향성, 가치, 자아효능감, 통제 신념 등의 동기적 구인이 개념 변화 과정을 중재하는 데 영향을 미친다고 설명했다. 또한 학생들의 의도, 목표, 신념이 사고를 유도하고 인도하는 데 중요한 역할을 하며, 정의적 요소 및 사회적 가치가 개념 변화를 통한 만족감을 얻는 데 작용하기 때문에 개념 변화는 합리적인 과정 이상으로 다루어져야 한다고 주장한다.

타이슨 등은 개념 변화를 바라보는 시각을 개념 변화 모형(Posner et al., 1982), 개념틀 이론 및 정신 모형(Vosniadou, 1994), 존재론적 범주(Chi et al., 1994)와 동기부여적 시각(Pintrich et al., 1993)의 네 가지 유형으로 구분지어 설명하면서, 개념 변화가 전체적으로 해석되어야 하며, 각각이 촉진되어야 한다고 주장한다(Tyson et al., 1997). 그들은 개념 변화 상황을 고려하기 위하여 인식론적 · 존재론적 · 사회/정서적 영향을 고려한 개념 변화의 다차원적 틀을 제시하였다(그림 5-1). 이들은 포스너와 동료들이 제안한 개념 변화 모형이 현재까지 과학교육 영역을 지배하는 이유를 학습자의 인식론적 확신 근거를 분명하게 다루고 개념의 네 가지 상태를 개념 변화의 도구로 제안했기 때문이라고 파악했다. 하지만 개념 변화 모형은 개념 변화를 인식론적 관점에서만 보는 데 한정되었고, 지식의 관점에서 보지 못한 점을 비판했다. 저자들은 개념 변화의 총체적인 상을 구성하기 위해 여러 연구자의 개념 변화 관점을 검토한 내용을 다음의 여섯 가지로 정리하였다.

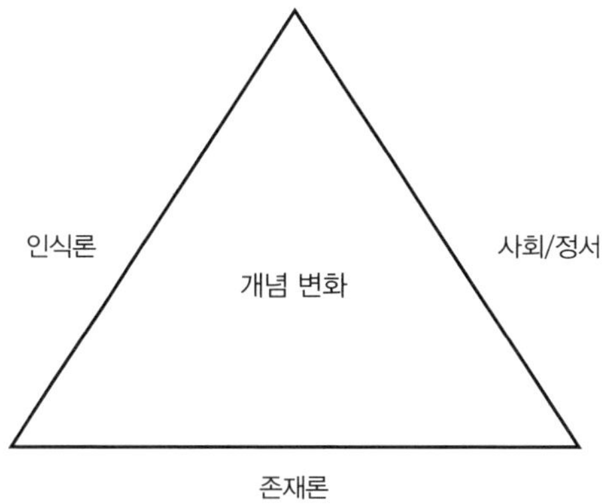

그림 5-1 개념 변화를 위한 다차원적 틀
자료: Tyson et al., 1997: 398.

- 개념 변화는 상황에 따라 급진적이기도 하고 점진적이기도 하다.
- 초기 개념은 소멸되지 않고 비과학적 상황에서 설명력을 가지며, 새 개념과 동시에 존재할 수 있다.
- 특정 개념의 지위는 상황에 따라 변화 가능하다.
- 개념 변화는 내용이 영역 일반적인가, 영역 특이적인가에 관련이 있다.
- 개인의 지적 능력은 나이가 들면서 발달하기 때문에 연령은 개념 변화 연구와 관련이 있다.
- 개념 변화 이론의 요소는 내용의 본성에 따라 달라진다.

저자들은 개념 변화의 다면적 관점을 해석틀로 사용하면 모든 학습 상황을 더 잘 설명할 수 있으며, 개념 변화를 방해하거나 향상시키는 데 영향을 줄 수 있다고 주장한다. 그들은 제시한 삼각 구도의 다차원적 틀에서 인식론적 시각으로 학습이 이루어지는 지식에 대한 학습자의 관점을 점검하며, 존재론적 시각으로 학습하는 대상을 어떻게 지각하는가를 점검하기 때문에 이 둘은 매우 밀접하게 연관된 것으로 보았다. 아울러 사회/정의적 시각은 개념 변화가 발생하기 위해 필요한 사회/정의적 조건을 점검한다.

또한 진화론에 대한 학생들의 개념 생태와 개념 변화 과정에 관한 연구에서 디마스터스 등은 학습자의 정서적 고려, 목적, 동기가 개념 변화에서 일차적 역할을 할 수도 있음을 보여준다(Demasters et al., 1995). 그들은 생물 진화에 대한 개념을 구성하는 개념 생태의 구조를 서술하고 학습자의 개념 생태가 개념 재구성에 어떤 영향을 미치는가를 알아볼 목적으로 연구를 수행하였다. 그들은 최대한 다양한 개인적 특성을 살펴보기 위해서, 개념틀, 인식론적 확신 근거, 과학적 · 종교적 지향성, 생물계에 대한 관점, 진화론 수용의 관점 등을 포함하는 개념 생태가 매우 다르게 나타난 네 명의 연구 참여자를 선정하여 서술하였다. 연구자들은 학생들의 개념 생태의 구성 요소 간 인과 관계를 찾기는 어렵지만, 역동적인 상호작용의 두 가지 유형으로서, 신념의 변화 없이 개념 변화가 일어날 수 있다는 증거와 창조론에 대한 신념이 개념 변화를 방해한다는 증거를 보였다. 이 연구를 통해, 저자들은 학습자에 따라 인식론이 개념 생태의 중요한 위치를 차지하기도 하지만, 어떤 경우에는 개인적인 삶의 욕구가 개념 변화를 촉발하고 안내하는 역할을 한다고 주장하였다. 그렇기 때문에 학습자의 정서, 목표, 동기가 인식론보다 더 중요하다고 제안하였다.

그 외에도 여러 연구자가 개념 변화에서 다양한 관점을 포함해야 할 것을 다루었다. 모티머는 동료와 함께, 과학 개념 이해에서 담화 유형이 권위적 · 내적으로 설득력이 있어야 하며 인식론적 · 존재론적 장애에 유의해야 한다고 하였다(Mortimer & Educação, 1998). 단일 개념을 설명할 때 유일한 사고 형태는 충분하지 않다고 보고, 물질 개념에 있어서 인식론적 · 존재론적 신념을 개념 프로필(conceptual profile)[3] 범주에 포함시켰다. 또한 인지 변화를 다루는 데 있어 수업의 사회적 · 언어적 분석이 필요하며, 과학 수업은 담화적이고 개념적인 이차원으로 구성되어야 한다고 결론을 내렸다. 드라이얼 등은 초기 개념 변화 연구가 조절에 초점을 둔 반면에 수정된 개념 변화 연구는 개념 변화 과정이 발달적 · 역동적이고 사회적 · 정의적 요소를 포함하여 다양한 영향을 받는다고 서술하였다. 또한 화학 개념 발달에 관한 연구를 통해 개념 변화를 촉진하는 요소로서 변칙 자료의 역할과 학습자 동기를 확인하였다(Driel et al., 1998). 발리아와 비스는 개념 변화 학습에서 그동안 고려되지 않았던 동기적 요소의 영향을 살펴본 결과, 목표, 가치, 자아 효능감, 통제 신념의 네 가지 동기적 요소 중에서 과제에 대한 가치와 통제 신념이 가장 중요한 영향을 미치는 것으로 보고하였다(Barlia & Beeth, 1999). 또한 이들이 고려하지 않았던 동기적 요소 중에서 교사의 개인적 특성이 학생들의 학습에 긍정적 영향을 미칠 때 학습의 동기적 요소로 작용한다고 하였다.

3 개념 프로필은 모티머가 그의 논문 "Conceptual change or conceptual profile change?"(Motimer, 1995)에서 학생 개념의 점진적 변화를 설명하기 위해 제안한 것이다. 그에 따르면, 학생의 개념 변화는 사전 개념으로부터 과학적 개념으로 대체되는 방식으로 이루어지지 않는다. 개념 프로필은 하나의 강력한 개념으로 구성되어 있는 것이 아니라, 일상 경험에서 습득한 개념으로부터 과학 수업에서 학습한 개념 등에 이르기까지 다양한 영역의 개념으로 구성되어 있다. 따라서 과학을 학습한다는 것은 개념 프로필을 구성하는 다양한 영역의 개념을 의식하고, 여러 개념의 충돌 없이 맥락에 적절한 개념을 사용하고, 개념 프로필을 재구성해가는 것을 의미한다.

이상에서 살펴본 바를 종합하면, 초기 개념 변화 연구는 학습이 이루어지는 인지적인 조건을 강조하여 학습에 중요한 영향을 미치는 심리적인 측면을 간과해왔다고 할 수 있다. 이후 개념 변화 연구자들은 이 점을 비판하였고, 학습자를 더욱 깊이 이해하고 개념 변화 학습을 촉진하는 변인을 파악하기 위해 동기적인 측면과 사회적 요소에 대한 연구로 확장해나갔다.

디세사와 세린은 개념 변화 연구에서 개념의 본성에 대해 이론적 개념 모형이 가져야 할 세 가지 조건을 들어 개념 변화의 객체인 개념이란 무엇인가 하는 문제를 논의하면서, 이론적 개념 모형을 정교화한 것으로 조절수준(coordination class)을 제안하였다(diSessa & Sherin, 1998). 이는 물리적 세계에서 정보를 얻는 체계적인 방법으로, 주어진 상황에서 다차원적인 관찰의 통합성과 정보를 조절(coordinate)하는 지식의 불변성이라는 이중의 전제조건을 지닌다.

그러나 한 사람이 어떻게 통합성과 불변성을 획득하는가의 문제에서 그러한 결정에는 경험적 측면이 따르며 심리학적 실체는 완전히 이론적인 것은 아니라고 하였다. 이때의 통합성이란 주어진 상황에서 다양한 관찰이 필요한 정보를 결정하기 위해 조정되는 것을 말한다. 개념 변화 모형 연구에서 사용하는 언어로 말하자면 일반화 가능성을 뜻한다. 또한 불변성이란 여러 가지 정보의 단편이나 상황을 통하여 정보에 통달하는 지식은 같은 정보를 신뢰성 있게 판단해야 한다는 것인데 이는 개념 변화 모형에서 말하는 내적 일관성과 같다. 내적 일관성과 일반화 가능성은 학습자가 갖는 인식론적 믿음과 형이상학적 신념과 그 정도를 판단할 수 있는 근거가 된다. 그런데 이러한 개념 변화의 요건에서도 심리학적 실체를 인지적인 측면과는 분리하여 설명할 필요가 있다고 보았으며, 이 연구에서도 이러한 관점에서 학생들로부터 얻은 자료를 분석하였다.

핀트리치 등은 개념 변화 모형에 대한 이성적 모형(cold model)을 비판하면서, 동기의 중요성을 강조하고, 개념 변화가 일어나기 위한 사회적 측면을 강조하는 심리적 모형(hot model)을 제안하였다(Pintrich et al., 1993). 보스니아도와 이오니디스(Vosniadou & Ioannides, 1998) 그리고 보스니아도(Vosniadou, 1994)는 학습자의 생활 경험에 기초한 존재론적 혹은 인식론적 전제조건으로 이루어진 개념틀 이론과, 개념틀 이론의 견고한 전제조건하에 구성되는 특이 이론으로 개념 변화를 설명하였다.

이상의 개념 변화의 중심 이론들을 고찰하면서 타이슨 등은 개념 변화를 위한 인식론적 · 존재론적 · 사회/정서적 시각을 강조하였고, 이러한 다차원적 해석틀하에서 강한 수정과 약한 수정을 모두 개념 변화에 포함시킬 것을 제안하였다(Tyson et al., 1997).

초기 개념 생태의 역할을 주장한 연구자들은 개념 생태의 여러 구성 요소 중에서 개념의 내적 일관성과 일반화에 영향을 주는 인식론적 확신 근거(epistemological commitment)와 형이상학적 신념(metaphysical belief)의 중요성을 강조하였다. 그러나 이러한 관점이 학습의 이성적인 측면만을 강조하고 있음을 비판한 연구자들은 개념 생태에 학습자의 동기적인 요소와 사회적인 측면을 포괄해서 이해해야 한다고 주장하였다. 즉 학습자가 특정 개념을 이해 가능하고 믿을 만하다고 생각하더라도, 그 개념을 다루는 학습자의 교과에 대한 인식 또는 학습 목표 등에 의하여 많은 영향을 받기 때문에 학습자의 인식, 목표, 신념이 학습을 유도하는 데 중요한 역할을 한다.

개념 변화에서 오개념은 장애물인가?
아니면 지적 자원인가?

아동의 과학에 대한 이해 혹은 사고를 나타내는 말들은 오개념(misconception), 대안 개념(alternative conception), 소박한 개념(naive conception) 등 각 연구자의 사고의 상태에 대한 상징적 기호가 다르기 때문에 여러 용어로 쓰인다.

전통적인 개념 변화 모형, 다시 말해 개념 변화의 표준 모형은 캐리가 제시한 것으로 삼을 수 있다. 캐리는 아동은 정신적으로 표상할 수 있는 개념의 종류가 성인과 다르며, 비고츠키가 말하는 단어 의미가 개념이라면 아동의 단어 의미는 근본적으로 성인과 다르다고 보았다(Carey, 1985). 이는 포더의 표현을 빌리면 표상형식(represental format)에서의 차이로 설명할 수 있다(Fodor, 1975). 포더는 아동은 귀납적 확장이라는 사고 방식으로 자신의 이해를 구성한다고 하였다.

캐리는 초심자의 오개념이 전문가의 신념에 의해 어떻게 대체될 수 있는지를 기술하였다. 예를 들어 '힘이 없으면 운동은 없다'라는 오개념은 '힘이 없으면 가속도가 없다'는 전문가의 신념으로 대체되어야 한다고 하였다(Carey, 1988). 이때, 개념 변화는 신념에서 나타나는 개념 간의 관계에서 발생하는 변화를 의미한다고 할 수 있다. 중요한 것은 힘, 운동, 가속도와 같은 개념들은 초심자에게서 전문가에게로 옮겨갈 때 변하지 않고 잔존할 수 있다는 점이다. 학생들은 신념을 발달시키고, 새로운 형태의 관계를 추구하게 되지만, 이는 동일한 개념에 대한 신념을 의미한다. 또 대조적으로 캐리는 극단적인 형태의 변화도 주장했는데, 쿤이 말한 불가공약적 변화인 개념의 강한 재구성을 의미한다. 이처럼 캐리는 개념의 '약한' 재구성과 '강한' 재구성을 주장했는데, 약한 재구성에서는 개념 간의 새로운 관계가 표현되고 새 체계가 도입되어 새로운 문제를 해결하고 옛 문제 풀이를 변화시키게 된다. 반면 강한 재구성에서는 연속적 체계의 핵심에 있는 개별 개념들 수준의 변화를 포함한다.

디세사에 따르면, 아동의 직관적 개념은 그들의 경험을 해석하는 최소한의 인지적 원소인 현상론적 초안(p-prims: phenomenological primitives)들을 포함하는 사고의 집합으로 잘 표현될 수 있다(diSessa, 1993). 치 등은 물질과 과정의 존재론적 범주로 개념을 배치하고 그 하부범주를 설정하여 대부분의 과학적 개념이 여기에 속한다고 하였다(Chi et al., 1994). 이 하부범주들은 구인이나 비인과적 상호작용에 기초하여 분류되는 것이다.

스미스의 연구에 따르면, 개념이 원형일 뿐 아니라 핵심을 포함하기 때문에 비수학적 개념이라 하더라도 핵심이 개념에 안정성을 부여한다고 하였다(Smith, 1989). 그는 학습자가 가지는 원시적인 개념들을 인정하면서도 그 개념들이 어떤 구조의 틀을 이루고 있어야 한다는 견해다. 이와 비슷한 견해로, 새가드는 연결을 가진 마디의 그물망으로 개념체계가 이루어져 있다고 보고, 개념을 하나의 전형적인 예(instance)로 나타내었다(Thagard, 1992). 이 개념체계는 위계적이고 종류관계, 부분관계를 포함하는데, 이는 근본적으로 존재론적 질문이 투영된 것으로 해석할 수 있다(조인영, 2000).

오개념은 당대 학문적 관점에서 그 의미가 적절치 않은 개념을 의미해왔다. 초기 개념 변화 연구에서, 과학 오개념은 유의미한 학습에 장애가 되는, 폐기되거나 과학적 개념으로 대체되어야 할 것으로 간주되었다. 그러나 개념 변화 연구가 발전해가면서, 오개념은 학생들의 다양한 개념의 본질을 나타내기에 적절치 않은 용어로 과학교육 연구 내에서 지적되고 반성되었다. '틀린' 혹은 '잘못된'이라는 의미를 갖는 '오' 대신에, 대안(체) 개념, 다른 개념, 미니 이론 등의 용어가 제안되었다. 앞에서도 언급했듯이, 영어로 conception이 개인 개념의 의미를 갖고, concept이 과학적 개념이라는 의미를 갖지만, 둘 다 '개념'이라고 번역되는 데서 혼동이 생기는 듯하다. 따라서, 오개념은 그냥 개인 개념의 의미를 갖는 것으로, 과학적 기준으로 잘못된 혹은 틀린 것이라는 의미가 아니라 개인이 갖는 다양한 양상의 개념을 의미한다고 하겠다. 따라서 개념 변화 연구 초기에 제기되었던 오개념은 잘못된 개념이라는 관점에서 해석되었지만, 현 개념 변화 연구에서는 오개념이 학습의 자원으로 간주되어야 한다고 본다.

학생들의 '오개념'을 학습에의 장애물로 간주해야 하는지, 자원으로 간주해야 하는지에 대하여 라킨은 오스벨의 유명한 주장, "학습에서 가장 중요한 것은 학습자가 이미 알고 있는 것이다. 이것을 확인하고 그에 따라 가르쳐라"로부터 논의를 출발한다(Larkin, 2012). 오스벨의 주장에 따라, 과학교육은 학습자가 이미 알고 있는 개념들을 확인하는 것으로부터 개념들의 본질과 특징, 역할 등을 파악하며 단계적으로 전환되면서 폭넓게 연구되었다.

과학교육 연구자들은 학생의 개념이 과학 학습에서 중요한 역할을 하는 것으로 인정하며, 교사의 전문성에 학생들의 개념과 사고에

주의를 기울이는 노력이 필요함을 강조한다. 1970년대 말 이후 학생들의 과학 개념에 관해 활발하게 이루어진 과학교육 연구는 과학 학습에 대하여 두 가지 중요한 결과를 제공하였다. 첫째, 아동은 물론 성인에 이르기까지 다양한 비과학적 개념 체계를 갖고 있다는 점이다(Driver & Erickson, 1983; Driver et al., 1985; Hashweh, 1986; Lawson, 1986; Osborne & Freybery, 1985). 자연 현상에 대한 과학적 이해는 직관과 일치하지 않는 경우가 많으며 추상적이고 논리적인 사고를 요구하는 데 반해, 사람은 태어나면서부터 자연 현상을 접하면서 직관과 경험적 사고를 이용하고 해석하여 개념과 개념체계를 형성해가기 때문이다(Coll & Treagust, 2003; Dole & Sinatra, 1998; Taber, 2003). 둘째, 한번 형성된 비과학적 개념은 과학 수업 후에도 지속되어 과학 개념으로 변화하기 어렵다는 점이다(박지연 · 이경호, 2004; Gilbert & Swift, 1985; Novak, 1987; Strike & Posner, 1985; Watts & Zylbersztajn, 1981). 이와 같은 학생들의 비과학적 개념의 속성은 과학 학습을 어렵게 만드는 원인으로 간주되었다. 많은 연구자는 학생들의 개념을 과학 개념으로 변화시키는 것을 중요한 연구 과제로 삼게 되었다.

학생의 개인 개념과 학교 과학 개념은 충돌하지 않고 공존한다는 주장(박지연 외, 2006; McCaskey et al., 2003; Smith et al., 1993)에 따르면, 그동안의 개념 변화 연구는 학생 개념의 본질을 밝혀내는 데 한계를 가진다. 학생 개념을 과학 개념으로 바꾸려는 시도는 자칫하면 한 개념에 대해 여러 상황에 대한 각기 다른 설명 방식을 낳을 우려가 있다.

학생 개념은 일상 경험에 뿌리내린 신념과 학교 학습에서 다룬 개념들이 상호작용하며 내면화된 것이다. 때문에, 개념 변화는 단순하거나 쉽지 않은 일이다. 개념 변화의 중심은 구조적인 개념 체계를 기반으로 전체적인 변화가 이루어져야 하기 때문이다. 이에, 효과적인 개념 변화 교수활동을 위해서는 학생 개념의 복잡성과 변화의 어려움을 인식하고, 특정 영역 개념의 본질과 특징에 관한 심층적인 이해가 필수불가결한 사항이 된다. 학생 개념의 이해는 "단순히 학생 개념을 확인하는 것을 넘어서" 그 개념의 위치와 존재 이유를 설명해준다.

앞에 든 오스벨의 제안 중에서 전자에 해당하는 것, 학습자가 이미 알고 있는 것을 확인하라는 것은 과학 교육 공동체에서 널리 수행되어왔다. 반면, 후자인 "그에 따라 가르쳐라"는 무슨 뜻이며, 어떻게 해야 하는가? 교사가 학생의 아이디어를 확인하기만 하면, 정확하게 그 아이디어를 가지고 있으면, 그다음은 그 아이디어를 가지고 무엇을 해야 하는가? 이 논제에 관한 합의는 개념 변화 연구에서도 다소 미흡해 보인다.

여기서 학생들의 사전 개념, 대안틀, 학습자 아이디어 등을 '오개념'으로 일괄하여 유용성 측면에서 통칭하기로 한다. 과학교육에서 학생들의 개념에 초점을 두기 시작한 1970년대 말 이후, 오개념은 새로운 개념으로의 변화를 위해 대체되고 극복되어야 할 잘못 혹은 장애물이라는 의미를 갖는 용어가 되었다. 이처럼 학생 오개념이 개념 변화의 장애물로 간주될 때, 오개념의 존재는 학습에 대한 장애물이 존재한다는 의미가 된다. 반대로 장애물인 오개념이 없다면 수업에서 의도하는 교수학습 목적에 직접 더 다가갈 수 있게 된다. 이 관점을 취하면, 오개념은 과학적 개념으로 향하는 접근을 막고, 학생들의 개념 학습을 방해하여, 학생들이 새 지식을 획득하는 방식에 부정적인 영향을 주고, 결국 학습을 어렵게 한다. 극단적으로 말하면, 개념 변화를 위해서 오개념은 제거되거나 소멸되어야 하는 대상이다.

그러나 과학교육 연구에서 지속해서 지적했듯이, 오개념은 개인의 인지 구조 속에서 견고하게 자리잡고 있어서 변화에 저항하여 효과적인 개념 변화 수업을 통해서도 제거되기 어렵다. 또한 오개념은 학습자 개인마다 다르고 개념 변화에 작용하여 새로운 오개념을 낳을 수 있다. 은유는 강렬한 방식으로 사고에 영향을 준다는 관점에서, 오개념을 은유적 장애물로 받아들이면, 교수학습은 학생들의 불명확한 개념들을 진단하고 제거하기 위한 활동으로 해석된다. 또한, 그 개념들을 수정하기 위해 '옳은' 과학적 개념으로 대체해야 하거나, 애초에 형성되지 않도록 계획될 수 있다. 따라서 이러한 교수학습에서는 오개념을 담화의 자원으로 사용하는 교실 의사소통을 고려하지 않게 된다.

오개념을 장애물로 보는 관점과 그와 대조적인 입장, 즉 오개념을 자원으로 보는 관점이 있다. 여기서 자원은 물질적 자원뿐 아니라 수업 중에 접근 가능한 개인적 · 환경적 · 사회적 자원을 포함하는 것으로 확장하여 정의된다. 이 관점에서 학습은 교사와 학생이 자원을 활성화하는 방식에 의해 중재된다. 자원으로서 학생의 오개념은 더 유의미한 학습을 촉진하기 위해 사용될 수 있다. 교사는 오개념을 어떤 형식으로든 수업에 사용할 수 있다. 개념 변화를 위해 학생의 오개념을 예상하고 명료화하여 활동 과제에 반영할 수 있다. 특히 학생이 오개념을 인식하는 실행 과정은 초인지 활동을 가능하게 한다. 학생들이 설명을 제시하고, 논증을 구성하고, 정당화할 때, 자신의 개념을 명시적으로 다른 아이디어들과 비교할 수 있기 때문이다. 이때 다른 아이디어들은 교사, 동료 학생, 읽기 자료, 교재와 웹사이트 같은 전자 자료에서 기원할 수도 있고, 혹은 경험적 자료 결과로부터 추론하여 제안된 아이디어일 수도 있다.

이처럼 학생들은 다양한 자원을 이용하여 자신의 개념을 정당화하고, 비교하고, 평가할 수 있으며, 교사와 학생들은 오개념을 교실 학습의 원자료로서 명료하게 하고, 연결시키고, 정련하고, 개정할 수 있다.

6장

개념 변화 연구 흐름의 특징은 무엇인가?

1970년대 후반부터 개념 변화 연구가 활성화되고 연구의 흐름도 다양해졌다. 개념 변화를 인지 구조의 변화뿐 아니라 사회문화적이고, 정의적 혹은 동기적 관점에서 설명하는 모형들이 제시되었다. 하지만, 이 장에서는 주로 인지적 측면에서 과학 개념 획득에 초점을 둔 연구 전통을 다룬다. 인지적 차원에서 개념 변화는 특정한 학습 과정으로 이해되고, 그 과정에서 학습자의 개념 체계는 존재론적 몰입(ontological commitment), 추론 관계(inferential relation), 설명 규준(standard of explanation)에 영향을 주는 재구조화 과정을 겪는다(Rusanen, 2013). 이의 대표적 연구 흐름은 개념 변화 모형을 제안했던 포스너 등의 흐름(Posner et al., 1982), 존재론적 범주 간 이동을 주장한 치의 흐름(Chi, 1992), 현상론적 초안과 정합조정체를 제안했던 디세사의 흐름(diSessa, 1988), 그리고 정신 모형과 개념 변화 이중 구조를 제안했던 보스니아도의 흐름(Vosniadou, 1994)을 들 수 있다.

개념 변화 연구 흐름 1

포스너 등의 개념 변화 모형

과학교육에서 개념 변화 연구는 1982년 코넬 대학교에서 열린 세미나에서 포스너와 그의 동료가 개념 변화 모형(Conceptual Change Model)을 제안하면서 활발하게 전개되었다. 개념 변화 모형에서는 '개념'을 학습의 단위로 간주하며, 개념의 지위(status of a conception)와 개념 생태(conceptual ecology)의 두 가지 요소로 구성되어 있다고 제안하였다. 개념의 지위는 개념 변화가 일어나는 조건을 충족하는 정도를 나타내며, 개념 생태는 개념 변화가 일어나는 맥락을 제공하고 개념 변화에 영향을 주며 그 의미를 부여한다(Hewson et al., 1999).

개념의 지위(Status of a Conception)

학습이 학습자와 현재 개념 간의 상호작용의 결과라는 생각을 바탕으로, 학습 상황에서 학생들의 오개념에 대한 광범위한 연구는 오개념이 하나의 패러다임과 같은 양상을 나타내는 것으로 간주하였다(Strike & Posner, 1992). 개념 변화 모형은 학생들의 개념이 과학자의 개념으로 변화하는 두 가지 형태로 동화와 조절을 제시하였다. 그중에서 조절 과정을 개념의 지위의 변화로 설명하였다.

개념은 이해 가능성, 믿을 만함, 유용성의 조건을 많이 충족할수록 그 개념은 지위가 높고, 높은 지위를 차지하는 개념 쪽으로 개념 변화가 일어나게 된다(Hewson & Hewson, 1992). 이미 높은 지위를 차지하고 있던 현재 개념과 새로운 개념이 갈등을 일으키게 될 때, 현재 개념에 대해 불만족함을 느끼고 현재 개념의 지위가 낮아지면 새로운 개념으로 변화가 일어날 수 있는 가능성이 높아진다.

개념의 지위는 이차적으로 언어나 글쓰기의 형태로 나타나는 의사소통에서 결정된다. 이때 학습자가 지니고 있는 개념의 지위를 판단하기 위해서는 먼저, 개념을 표현했는가를 확인하고, 다음으로 개념의 지위를 나타내는 언급을 확인하고, 마지막으로 표현과 언급을 해석하는 과정을 거쳐야 한다.

개념 변화가 일어나기 위해서는 개념은 다음의 네 가지 조건, 즉 새로운 개념의 이해 가능성(Intelligibility), 믿을 만함(Plausibility), 유용성(Fruitfulness)과 현재 개념에 대한 불만족(Dissatisfaction)을 충족해야 한다.

• 새로운 개념은 이해 가능해야 한다

새로운 개념이 학습자가 인지할 수 있는 대상이 되려면 우선 이해 가능해야 한다. 이해 가능성은 개념이 논리적인 적합성의 여부와 관련이 있다. 학습자가 어떤 개념을 이해할 수 있다는 것은 그 개념의 의미가 무엇인지를 알고 일관성 있게 표현해야 하며, 그 개념이 진실이라고 믿지 않더라도 내적 일관성이 있음을 알아야 한다는 것을 의미한다(Hewson & Hewson, 1984).

소오리는 개념 분석을 통해 이해 가능성의 기준으로 표현(학습자가 개념을 표현하는 방법을 알 수 있는가?)과 내적 일관성(학습자는 개념이 내적으로 일관성이 있다는 것을 알 수 있는가?)을 들고 있다(Thorley, 1990). 예를 들어, 학습자가 개념이 의미하는 바를 알고 자신의 언어로 설명할 수 있거나, 사례를 제시할 수 있거나, 그림 또는 개념도를 사용하여 다른 사람에게 표현할 수 있다면, 그 개념은 학습자에게 이해 가능한 조건에 있다고 말할 수 있다.

• 새로운 개념은 우선 믿을 만해야 한다

학습자가 새 개념의 진실성을 믿을 때 그 개념은 개연적이라고 한다. 개념이 믿을 만하다는 것은 학습자에게 심리적으로 의미를 갖는다는 것을 뜻한다. 반대로, 믿을 만한 개념이 모두 일반적 진실로 받아들여진다는 의미는 아니며 개인적인 속성을 가진다. 즉, 학습자가 어떤 개념이 실제 상황에서 사실일 수 있다는 믿음에 대한 이유를 갖거나 특정 현상을 설명하는 데 사용될 수 있다고 믿으면, 그 개념이 믿을 만하다고 한다.

소오리는 믿을 만함의 기준으로 개념이 학습자에게 심리적 유의미가 있는지, 문제를 해결할 능력이 있는 것처럼 보이는지, 그리고 다른 개념 및 경험과 일치하는지를 들고 있다(Thorley, 1990). 예를 들어, 뉴턴의 운동 이론에 관한 내용을 읽을 때, 책에서 제시하는 운동 개념이 독자가 갖고 있는 세계에 대한 일반적인 생각과 일치하고 물체가 왜 운동하며 어떻게 운동하는지에 대한 구체적인 생각과도 일치한다면 그 개념은 독자에게 믿을 만함의 조건을 만족한다(Hewson & Hewson, 1984). 개념의 믿을 만함은 변칙 사례에 대하여 중요한 역할을 할 수 있다. 현재 개념의 믿을 만함은 변칙 사례를 거부할 것이며, 새 개념의 믿을 만함은 변칙 사례를 받아들이고 현재 개념을 거부할 수 있는 근거를 마련해줄 수 있기 때문이다.

• 새로운 개념은 다른 문제 또는 상황에 유용 가능해야 한다

개념의 유용성은 그 개념이 다양한 상황에 적용되는 것을 의미한다. 새 개념이 유용성의 조건을 만족하는 경우는 여러 가지다. 새 개념이 사건의 변칙 사례를 해결하고, 과거 경험을 설명하며, 특정 사례를 포함한 일반적 현상에 적용 가능하면 유용성의 조건을 만족하게 된다. 예를 들어, 힘과 운동 개념에 몰두하고 있는 학습자가 새로운 개념을 이용하여 이전보다 더욱 설득력 있고 예견력 있는 설명을 할 수 있다면, 그 개념은 학습자에게 유용성의 조건을 만족한다(Hewson & Hewson, 1984). 새로운 개념이 더 유용하다면 이전 개념이 완전히 사라지지는 않더라도 새로운 개념에 밀려나고, 학습자는 문제 상황에서 새로운 개념을 적용하게 된다. 또한 개념의 유용성은 학습자에게 새롭게 제시되는 상황에 직면했을 때 학습자의 사고과정을 유도하는 역할을 한다.

소오리는 유용성의 기준으로 개념이 현실세계 상황이나 특정한 다른 상황에 잘 적용되는가, 학습자가 그 개념이 유용한 이유를 인식하고 있는가, 다른 개념보다 더 좋은 개념처럼 보이는가를 들고 있다(Thorley, 1990). 나아가 두 가지 '외적' 기능—새 개념이 일반적으로 그 분야의 일부인가, 새 개념이 학습자가 존경하는 인물이 믿는 개념인가—도 유용성의 조건을 충족하는 동기가 된다고 제시한다.

• 현재 개념에 대해 불만족을 느껴야 한다

초기 개념 변화 모형에서 현재 개념의 불만족은 개념 변화의 조건에 가장 기본적인 전제로 인식되었다. 불만족이란 한 개념이 학습자의 개념 생태에 맞지 않을 때 나타난다. 예를 들어, 개념이 학습자의 형이상학적 신념에 맞지 않거나 과거 경험을 해석할 수 없을 때 불만족이 일어날 수 있다.

휴슨과 휴슨은 교사들이 일반적으로 학생들에게 앞서 설명한 조건 중에서 새로운 개념의 이해 가능성 조건을 만족시키기 위해 수업의 많은 시간을 할애한다고 설명한다(Hewson & Hewson, 1984). 또한 교사들은 대개 학생들이 새로운 개념을 당연하게 믿게 된다고 가정하지만, 이러한 가정은 대개 잘못된 것이라고 주장한다.

위에 제시한 개념의 네 가지 조건은 초기 개념 변화 모형에서 위계를 갖는 것으로 상정되었다. 즉 개념 변화를 위해서 불만족은 초기 조건을 가지며, 개념의 이해 가능성은 믿을 만함의 전제가 되고, 믿을 만함은 유용성의 전제가 되었다. 다시 말해, 학습자가 현재 개념에 불만족을 경험하고 새로운 그럴듯한 개념을 발달시키고 새로운 지식의 적합성을 다른 맥락에서 발견하게 될 때 개념 변화가 일어난다는 것이다.

그러나 개념 변화 모형에 대한 연구가 정교해지면서 개념의 지위는 경직된 위계적 관계가 아니라 상호 위계적인 관계를 맺으며, 불만족은 믿을 만함과 유용성과 연관되어 발생한다고 보았다. 즉, 개념은 이해 가능성, 이해 가능성과 믿을 만함, 믿을 만함과 유용성, 이해 가능성과 믿을 만함 및 유용성을 만족하는 것 등 다양하게 나타난다(Beeth, 1993).

효과적인 개념 변화를 위해서는 일반적으로 수업에서 목표가 되는 과학적 개념을 낮은 지위에서 높은 지위로 끌어올릴 수 있는 전략이 필요하다. 한 개념의 지위는 맥락 의존적이므로 개인의 개념 생태에서 불충분한 조건에 영향을 주는 개념 생태의 구성 요소와 연관하여 다루어야 할 것이다.

개념 생태(Conceptual Ecology)

개념 변화 모형은 학습자의 개념이 생물학적 은유인 개념 생태를 이루고 있다고 주장한다(Posner et al., 1982). 툴민은 그의 저서 *Human Understanding*에서 지적 생태라는 용어를 처음으로 사용하여 과학적 개념이 생태적 적소(ecological niche)를 차지하고 있는 것으로 설명했다(Toulmin, 1972). 생태는 생물학의 한 분야인 생태학적 용어로 공간(house)과 구조(home)로 구성된다. 공간(house)은 생물이 생존하는 물리적 · 외형적 공간을 뜻하며, 구조(home)는 일정한 공간 내에 있는 구성원 모두와 구성원들 간에 일어날 수 있는 유기적 관계를 총망라하는 상호작용의 기능적 차원을 의미한다. 한 생물은 그 생물을 둘러싸고 있는 물리적 · 생물적 환경과 작용 · 반작용의 상호작용을 통해 현재 상태를 가진다. 따라서, 어떤 나무가 나타내는 현재의 상태를 설명하려면 환경적 요소를 종합하여 그 상태를 만족하는 필요충분 조건을 파악할 필요가 있다. 이때 생물의 성장에는 환경적 요소 중에서도 특히 중요한 요인이 존재한다. 예를 들어, 식물이 성장할 때 빛과 물이라는 요인은 다른 요인들보다 중요한 환경적 요소로 작용한다.

생물학에서 한 개체는 적소를 차지하고 있다고 본다. 적소는 한 개체가 차지하고 있는 물리적 · 기능적 공간을 다 합친 추상적 공간을 일컫는다. 세상에 존재하는 어떤 두 개체도 동일한 적소를 차지하고 있지 않으며, 적소가 겹치면 하나의 개체가 적소를 차지할 때까지 경쟁이 일어난다. 개체는 자기 공간을 확보하려고 하며, 환경과 맞지 않을 때는 환경에 맞춰서 변화해야 한다.

이들 생태학적 용어를 학습에 비유하면, 개체는 개념에 대응되고 개체가 차지하고 있는 공간인 적소는 그 개념이 형성되고 있는 지적 환경이라고 할 수 있다. 하나의 개체가 자신을 둘러싼 환경과 주고받는 상호작용은 개인의 개념이 그 개념을 둘러싼 지적 환경과의 상호작용을 말하며, 이러한 상호작용을 개념 생태라고 한다. 이처럼 개념은 복잡한 구조로서 존재하므로, 개념 생태를 통하여 과학적 개념과 이론이 어떻게 과학 공동체 또는 개인에게 수용되는지를 설명할 수 있다. 또한 개념 생태는 오개념이 어떻게 의미를 구성하며 변화에 저항하는지를 설명하기 위한 틀의 역할을 할 수 있다.

개념 변화 연구에서 학습자의 개념 생태는 수많은 요소로 이루어져 있으며, 특히 은유나 비유, 형이상학적 신념, 인식론적 확신 근거, 변칙 사례, 과거 경험, 다른 영역에서의 개념이 중요한 역할을 하는 것으로 강조되었다(Beeth, 1993; Hewson, 1985; Hewson et al., 1999; Park, 1995; Posner et al., 1982; Strike & Posner, 1985; Thorley, 1990). 그중에서 휴슨은 개념 변화에 영향을 주는 개념 생태의 구성 요소로서 무엇보다도 인식론적 확신 근거와 형이상학적 신념이 중요하다고 주장했다(Hewson, 1985). 여기서 중요한 것은 확신 근거 또는 신념이 무엇이냐가 아니라, 학습자에게 확신 근거 또는 신념이 어느 정도인가의 문제로서 내적 일관성과 일반화와 관련이 있다. 일관성과 일반화는 다른 개념과의 연관성을 보여주는 것으로 개념 변화의 안정성 근거를 마련해주기 때문이다.

개념은 예(example)를 통하여 또는 사전 개념과 결합하여 형성될 것으로 예상하지만, 새 개념은 반드시 이전 개념을 단순하게 결합하여 만들어지지는 않는다. 학습해야 할 개념이 학습자의 개념 생태와 맞지 않을 때는 개념 생태가 같이 변화하여 그 개념과 관련된 기타 개념들이 함께 적소를 찾아야 한다. 따라서 개념 생태는 개념의 지적 환경을 이루며, 개념 변화가 일어나고 의미가 있는 상황을 제공하여 학습을 조절한다(Demasters et al., 1995).

연구 초점 1. 개념 생태 요소와 유형 확인

개념 생태의 구성 요소는 국내외 여러 연구에서 다룬 개념의 특성, 연구의 맥락, 혹은 면담에서 활용한 문제 상황에 따라서 부각된 개념 생태의 요소들은 다르게 나타났다(표 6-2). 또한, 연구자들은 개념 생태의 요소 중 개념에 영향을 미치는 중요한 요소들을 파악하기도 하고, 개념 생태 구성 요소들의 상호작용에 집중하기도 했다. 이들 연구가 시사하는 바는 개념이 홀로 존재하지 않고 복잡한 개념 생태에 존재한다는 점과, 개념 생태의 특징에 따라 개념의 존재와 위상이 달라진다는 점, 그리고 개념 변화를 위해서는 개념 생태의 변화가 동반되어야 한다는 점이다.

개념 생태의 구성 요소는 박현주의 연구에서 더욱 세분화되어 나타난다(Park, 1995). 그녀는 미국 고등학생의 통합교과적 개념에 대한 개념 생태 구성 요소와 학습에서 이 요소들의 상호작용에 대해 확인한 연구를 통하여, 인식론적 확신 근거, 형이상학적 신념, 정의적 영역, 지식의 본성, 학습의 본성, 개념의 본성, 과거 경험, 문제해결 전략, 개념 등의 다양한 개념 생태의 요소와 구성 요소별로 나타난 개인의 특징을 제시하였다. 그녀는 연구 결과, 개념 생태의 구성 요소 및 이들 구성 요소 간의 상호작용이 개인의 개념 생태의 특징을 구성하며 학습 유형을 결정하는 데 영향을 준다고 보고하였다. 그녀가 연구 결과로 제시한 학생들의 학습에서 개념 생태의 구성 요소는 [표 6-1]

과 같다. 문헌 연구를 통하여 [표 6-1]에 제시된 것 외에 문화와 언어의 영역이 고려되었으나 연구를 수행한 결과에서는 나타나지 않았다.

[표 6-1]에 제시된 개념 생태의 구성 범주와 하위 요소의 정의 및 특징에 관하여 간단히 살펴보면 다음과 같다. 인식론적 확신 근거는 인간 지식의 근원, 본성, 방법, 그리고 한계점을 탐구하는 철학의 한 줄기 내에 존재하는 것으로 정의되었다. 그녀는 학생들이 자신의 지식 또는 문제 해결 과정에서 사용한 추론을 정당화하는 수단을 기준으로 학생들의 응답을 해석하였다. 그 결과 일관성, 관찰 또는 경험, 이론적 근거, 권위, 주관적 평가라는 하위 요소들로 구성되어 있음을 파악하였다.

형이상학적 신념은 세 가지 관점에서 정의되었다. 첫째, 우주의 본성에 대한 신념을 말한다. 둘째, 우주, 과학, 그리고 세상 사이의 관련성에 대한 신념을 말한다. 셋째, 존재, 시간, 물질(substance)과 같은 것에 대한 가장 기본적인 신념을 말한다. 연구 결과, 학생들은 개인 경험을 해석할 때 우주에 대한 형이상학적 신념에 토대를 두는 것으로 나타났으며, 자연 현상을 설명할 때 물활론적인 신념, 설명할 수 없는 당연성, 창조론 등의 형이상학적 신념의 특징을 갖는 것으로 보고하였다.

정의적 영역은 과학 또는 과학의 특정 주제에 대해서 어떻게 느끼는지, 그리고 이러한 느낌이 개인의 학습이나 문제해결에 어떤 영향을 주는지에 해당된다. 학생들은 좋다, 싫다, 흥미롭다, 마음에 든다, 모른다 등으로 느낌을 표현하였으며, 몰두하거나 몰두하지 않는 경향, 그리고 자기 비하 또는 자신감을 나타내는 자아효능감 등의 정의적 또는 감정적 요소들을 나타냈다.

표 6-1 개념 생태의 구성

범주	하위 요소
인식론적 확신 근거	• 일관성 • 관찰 또는 경험 • 신학적 근거 • 권위 • 주관적 평가
형이상학적 신념	• 물활론 • 회의론 • 인과관계에 대한 신학적 교리
정의적 영역	• 선호 • 참여 • 자기 비하 또는 자긍심
지식의 본성	• 전문가의 소유물 • 축적되는 것 • 기억 또는 암기해야 할 사실 • 설명 또는 제공되는 것 • 역동적인 것
학습의 본성	• 암기 • 이해 • 이해 및 적용 • 벽돌 맞추는 것과 같음
개념의 본성	• 비유 • 예제
과거 경험	• 개인적 경험 • 권위에 의존
문제 해결 전략	• 독립적 관찰에 의존 • 권위에 의존
개념	• 목적 개념 • 다른 영역의 개념

자료: Park, 1995.

지식의 본성과 학습의 본성은 서로 연관되는 것으로 간주되었다. 지식의 본성은 학생들이 지식을 어떻게 생각하는가를 말하며, 그 설명이 학습자와 연관되어 있기 때문에 학습의 본성을 나타내준다. 학습자들은 지식의 본성으로 전문가의 소유물, 축적되는 것, 설명 또는 제공될 수 있는 것, 기억/암기할 것, 역동적인 것 등을 고려하는 것으로 밝혔다. 또한 학습의 본성에 관해서, 학생들은 암기, 문제 풀이에서 이해와 적용, 그리고 시간이 흘러가면서 벽돌을 쌓아가듯이 지식을 형성해가는 것으로 이해하고 있었다.

개념의 본성은 학습자가 개념을 어떻게 표현하는지, 그리고 관련 개념들을 어떻게 연관시켜서 다른 개념을 형성하는지와 관련이 있다. 학생들은 비유와 예를 통해서 개념들을 표현하고 형성하는 것으로 나타났다.

과거 경험은 과학 현상에 대한 개념을 생성하며, 주변에서 과거, 현재, 미래에서 일어나는 현상을 설명하는 데 선례로서 영향을 미친다. 과거 경험은 형식적으로 학교 경험, 가정에서의 경험, 그리고 사회적 경험에 걸쳐 있으며, 새로운 개념과 갈등을 일으킬 때 쉽게 학습이 이루어지지 못하는 장애가 될 수 있다. 연구 결과, 학생들은 개인적 경험에 호소하거나 교사, 방송 등의 권위에 의존하여, 과학 현상에 대한 개념을 구성하고 주변에서 일어나는 현상을 설명하는 것으로 나타났다.

문제 해결 전략은 학습자가 문제를 어떻게 생각하는지, 개념을 어떻게 사용하는지, 그리고 문제가 해결된 것을 어떻게 아는지를 통하여 알 수 있으며, 학생들은 문제 해결 전략으로 독립적 관찰에 의지하거나 권위에 의존하는 경향을 보였다.

표 6-2 여러 문헌에서 밝혀낸 개념 생태의 구성 요소

<table>
<tr><th>Strike & Posner (1985)</th><th>Park (1995)</th><th>강경희 · 이선경 (2001), 박지은 · 이선경(2007)</th><th>Pintrich et al. (1993)</th><th>허남영 (2007)</th></tr>
<tr><td>변칙 사례
표본 예, 이미지
과거 경험
기타 지식</td><td>개념
과거 경험</td><td>개념
과거 경험</td><td rowspan="5">인지요인</td><td rowspan="5">만족설명감</td></tr>
<tr><td>인식론적
확신 근거</td><td>인식론적 확신 근거
지식 · 학습 · 개념의 본성</td><td>설명일관성</td></tr>
<tr><td>형이상학적
신념과 개념</td><td>형이상학적 신념</td><td></td></tr>
<tr><td>은유와 비유</td><td></td><td>비유</td></tr>
<tr><td></td><td>문제 해결 전략</td><td></td></tr>
<tr><td></td><td>정의적 영역 및
감정적 측면</td><td></td><td>동기요인</td><td>지식소유감
교수책무감</td></tr>
<tr><td></td><td>문화 · 언어</td><td></td><td>(교실)상황
요인</td><td></td></tr>
</table>

개념은 기타 영역의 지식과 경쟁 개념을 포함한다. 개념은 학습자의 사전 지식을 수반하며 개인 경험에 토대를 두고 있다.

개념 생태의 특징은 연구의 맥락에 따라 다르게 분석되고 제시되었다. 송현미(1999)는 생물 존재 필요성에 대한 중학생의 개념 생태의 특징을 알아보기 위해서 위에 제시한 박현주의 개념 생태 구성 요소의 틀을 사용하였다(Park, 1995). 그러나 송현미는 자료 분석 과정에서 일치하지 않는 부분들을 일부 수정하여 설정하였다. 형이상학적 관점을 기계론, 관념론, 범신론으로 나누었고, 관념론은 하위 범주로서 인

간주의, 신학주의, 생철학을 포함하였다. 이 구분은 물질의 본질에 관한 철학사적 분류와 과학사의 변천 과정에서 나타나는 물질관의 변화에 근거한 것이다. 또한 개념의 본성에 관한 범주는 소원주(1998)의 과학철학적 관점에서 귀납주의, 반증주의, 상대주의에 따라 분류하였고, 정의적 영역의 하위 범주는 김효남 외(1998)의 정의적 영역 평가 도구 연구에서 구분한 인식, 흥미, 과학적 태도 범주로 구분하였다. 그리고 학습의 본성, 개념의 본성 등은 분석 범주에서 제외하였다.

이처럼 학생들의 개념 생태 범주가 연구자에 따라 다르게 나타나는 것은 연구에서 설정한 과학 개념의 특성과 연구 참여자들이 보여준 면담을 포함한 다양한 기록물을 수집하여 분석한 자료에 따라 달라지기 때문이다. 박현주가 조사한 개념 생태의 구성 요소인 학습의 본성, 개념의 본성은 송현미의 연구에서는 나타나지 않는다. 또한 송현미는 생물 존재 필요성에 대한 개념에 가장 중요한 영향을 미치는 개념 생태의 구성 요소는 가치관의 범주였으며, 가치관은 기타 구성 요소들의 영향을 받는 것으로 보고했다. 반면, 나뭇잎의 색깔 변화와 광합성이라는 통합 주제에 대한 학생들의 개념 생태에 가치관 범주는 포함되지 않는다.

연구 초점 2. 개념 변화에서 개념 생태의 상호작용

강경희와 이선경(2001)은 개념 변화 맥락에서 개념 생태의 몇 가지 주요 구성 요소들이 상호작용하는 사례 연구를 제시했다. 개념의 맥락은 중학교 1학년 '힘' 단원의 내용과 관련된 '힘의 평형'을 중심으로 하고 있다. 이 사례 연구는 학생들에게 힘 단원 수업 초기와 종료 후에 '책상 위의 책'과 '나무에서 떨어지는 사과'에 작용하는 힘이 어떤 것들이 있는지를 선택하게 하고, 그 이유를 설명하게 하는 질문지를 중심으로 면담을 실시한 연구 결과를 포함한다. 연구자들은 면담 결과를 분석하여, 학생들의 책상 위의 책과 나무에서 떨어지는 사과 맥락에서 작용하는 개념 생태의 주요 요소들을 '개념들', '과거 경험', '설명일관성'으로 제시하고 이들이 어떻게 상호작용하는지를 보고했다. 이 연구는 문제 상황을 설명하고 해결하기 위해 활성화된 개념들, 그 개념들의 토대를 이루고 있는 과거 경험, 그리고 비유 창출과 연관 개념들의 맥락화된 설명일관성의 특징을 제시하고 있다.

사례로 제시된 학생의 개념 생태를 보면, '힘의 평형' 문제 상황과 관련된 개념들은 중력, 무중력, 힘의 표시 개념으로 이루어져 있었다. 그 개념들 중에서 중심 개념은 '중력'이었으며, 이와 반대의 개념으로 '무중력'이 있었다. 무중력 개념은 문제 해결에 있어서 중심 개념으로 작용하였고, 그 무중력 개념과 가장 밀접하게 연관되어 있는 개념 생태 범주는 과거 경험이었다. 그 학생은 매체를 통해 과거에 무중력에 관한 시청각적 경험을 하였고, 이 경험을 통해 무중력 개념은 개념 생태 내에 확고하게 위치하고 있었다. 또한 화살표의 의미를 무중력 개념에 적용하여 동일 크기의 화살표가 위, 아래의 반대 방향으로 표시되어 있는 경우는 힘이 없는 무중력 상태라고 생각하였다. 이처럼 과거 경험은 중력, 무중력, 힘의 표시에 대한 개념이 연관성을 갖고 서로의 개념을 존재하게 만드는 합리적인 토대로 작용하고 있었다. 이러한 개념들과 과거 경험들은 문제 상황에서 나름대로의 일관성을 갖고 표현되었다. 설명일관성은 문제 상황에서 자신의 설명을 지지하고 방어하기 위하여 기존의 개념을 정교화하고 확장하고 임시변통적인 설명을 덧붙인다. 이때 설명일관성은 상황에 따라 다르게 나타나기 때문에, 과학적인 사고에 의한 일관적인 설명이 아니라 나름대로 논리와 합리적인 근거를 토대로 한 설명일관성을 의미한다. 이 연구의 시사점은 개념 생태는 요소들이 생성, 상호작용, 수정을 통한 변화의 역사를 갖기 때문에, 문제 상황, 과제의 맥락에 따라 활성화되는 요소들과 요소들의 관계가 다르게 나타난다. 따라서 학생들의 개념 변화를 위한 교수학습 맥락은 과제 중심으로 형성된 개념 생태의 이해가 뒷받침되어 계획되어야 한다. 또한 학생들의 과거 경험은 역사적으로 뿌리가 깊은 만큼 잘 드러나지 않지만 개념 변화에 결정적인 역할을 할 수 있다. 다시 말해, 과거 경험은 학습자를 깊이 이해하기 위해 개념 변화 연구에서 지속적이고 심층적으로 탐구해야 할 영역이다.

한편, 허남영(2007)은 물리 교사가 교수 상황에서 경험하는 과학 개념 변화를 탐색하면서, 개념 변화의 맥락이 되는 개념 생태 요소로서 교사의 지식소유감, 교수책무감, 만족설명감을 제시했다. 이 개념 생태 요소들은 물리 개념을 설명하는 교수 상황에서 두 개념을 연관 짓거나, 과학 개념을 구성하는 설명의 양이 증가하거나, 더욱 근본적인 인과적 설명을 제공하는 등과 같은 질적인 설명의 변화를 가져올 때 그 맥락을 형성하게 된다.

지식소유감은 개인이 자신의 지식 체계 혹은 개념화에 대해 '내 것'이라고 느끼는 정도를 의미한다. 과학적 설명이 필요한 사항에 대해 스스로 설명을 형성하는 경우 지식소유감은 높아지며, 타인에 의해 제시된 설명을 수용하는 경우 낮아진다. 지식소유감이 높은 개념은 견고하다.

교수책무감은 과학에 대한, 과학 학습에 대한, 교사로서의 역할 등에 대한 인식을 바탕으로 학습자의 학습을 달성하려고 하는 동기적 요소다. 이 요소는 교사로 하여금 새로운 설명을 고안하도록 동기화하는 요인이 된다.

만족설명감은 과학적 설명에 대해 개인이 갖고 있는 만족스러운 설명의 수준을 의미한다.

스트라이크와 포스너는 개념 변화 이론에서 개념 생태의 한 구성 요소로 각 학문 분야에서 성공적인 설명으로 간주되는 설명의 이상(explanatory ideals)을 제시하고 있는데, 이는 특정 학문 분야에 국한되지 않으며 개인이 충분한 설명이라고 받아들이는 수준을 지칭한다(Strike & Posner, 1985, 1992). 연구에서 교사들의 개념 생태로 나타난 만족설명감은 새로운 설명을 추구할지를 결정하며, 지식소유감과 교수책임감은 동기적 요소로 새로운 설명의 생성을 자극하는 역할을 하는 것으로 해석되었다.

연구 초점 3. 선개념 체계 유형별 개념 생태와 개념 변화

개념 변화, 즉 학문의 역동적 과정에서 신개념의 중요성에 주목한 조인영 외(1999)와 조인영(2000)은 기체 분자 운동론이라는 이론적 개념에 대한 고등학생의 선개념과 그 개념망의 조직화 및 정교화 수준에 따른 선개념 체계 유형을 탐색하였다. 그리고 신개념 체계 유형에 따른 개념 변화 과정의 특징을 조명했다. 고등학생들은 기체 분자 운동론 학습 이전에 선개념을 구성하고 있는데, 개념망의 조직화 및 정교화 수준에 따라 세 가지 유형, 즉 피상적 용어 사용 유형, 부분적 의미 형성 유형, 인과적 의미 형성 유형으로 나타났다. 연구자는 이러한 구분에 명확한 경계가 있다기보다는 하나의 스펙트럼상의 특이점들로 생각할 수 있으며, 다만 특징적인 세 유형이 존재한다고 명시했다. 연구에서 드러난 세 가지 선개념 체계 유형을 살펴보면 다음과 같다.

첫째, 피상적 용어 사용 유형의 경우, 개념들이 과학적 의미를 가진 용어로서 이해되지 못하고 경험적 지식에 한정되는 경우가 많았다. 또한 대안적 개념 틀도 불분명하며 같은 현상에 대한 설명이 상황에 따라 변화했다. 따라서 선개념 체계가 과학적 개념망을 구성하지 못했다. 부분적 의미 형성 유형은 과학적 개념을 형성하지만 전체적인 맥락에서 유의미한 설명체계를 구성하는 데 실패한 경우에 해당되었다. 단순 문제 풀이를 위한 기계적 암기학습 전략을 주로 사용하며, 적극적인 의미 형성보다는 외부적 권위에 의존하는 경향이 있었다. 인과적 의미 형성 유형의 경우, 선개념 체계가 대부분 과학적 개념망을 구성하며, 현상에 관해 구체적이고 명확한 과학적 용어가 사용되었다. 과학교과 관련 지식이 풍부하게 사용되었으며, 주어진 상황에 정확히 초점을 맞추고 논리적인 추론을 기반으로 결론을 내리는 경우가 많이 발견되었다.

이들 선개념 체계 유형을 기반으로 연구자는 기체 분자 운동론에 대한 고등학생의 개념 변화 과정의 특성을 개념 생태 요소와 관련하여 심층적인 논의를 전개해갔다. 첫째, 피상적 용어 사용 유형의 경우, 학생의 개념에는 설명일관성이 결핍되었고, 개인적 학습 목표나 자아효능감 등 동기적 신념이 개념 형성의 부정적인 요인으로 작용하였다. 또한 대안적 개념이 발전된 개념을 형성하기도 하지만 의미 있는 개념 형성으로 이어지는 경우가 적고, 계속하여 더욱 복잡한 피상적 용어의 나열로 이어지는 경우가 많았다. 이 유형의 학습자는 과학

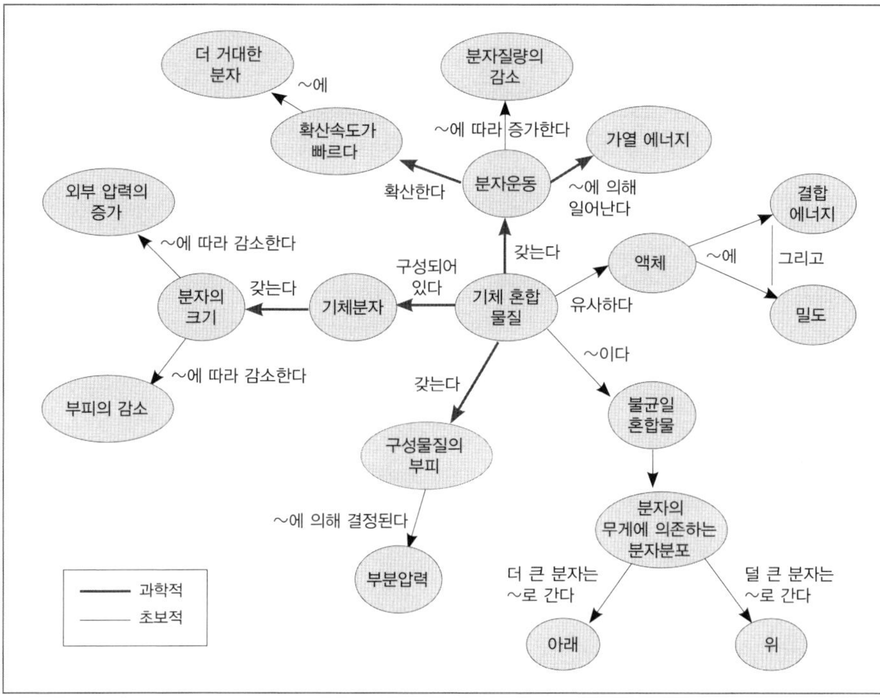

그림 6-1 기체 분자 운동론에 대한 피상적 용어 사용 유형의 사례
자료: 조인영 외, 1999.

교육을 과학자를 양성하기 위한 것과 일반인을 위한 것으로 구분했다. 즉 학습의 목표를 성공적인 사회구성원이 되기 위한 준비에 제한하고, 과학자와 같은 방식으로 과학을 깊이 이해하는 것에 두지 않는다. 따라서 학교 과학 지식을 그대로 수용하여 적극적인 의미 형성의 필요성을 느끼지 않는 수동적인 학습자로 머물러 있었다.

둘째, 부분적 의미 형성 유형의 경우, 학생은 부분적으로 구성된 과학적 의미 형성의 설명체계가 전체적으로 유기적인 구조를 형성하지 못하여, 새로운 개념의 학습에서 계속 임시가설을 생성하는 경향이 있었다. 적극적인 의미 형성보다는 교과서나 교사 등 외부적 권위

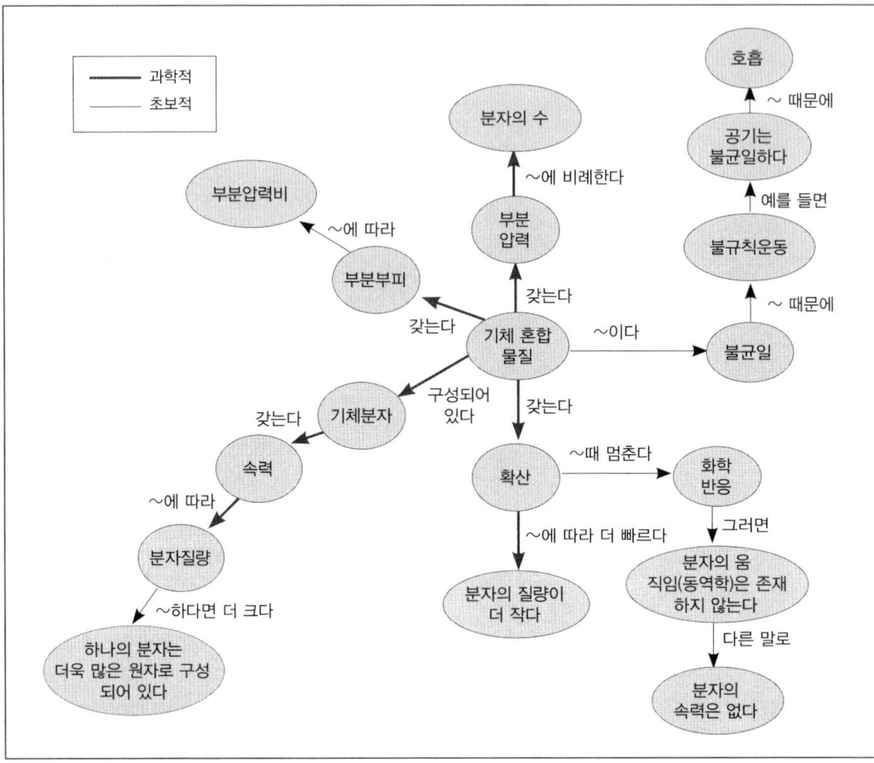

그림 6-2 기체 분자 운동론에 대한 부분적 의미 형성 유형의 사례
자료: 조인영 외, 1999.

를 내면화하는 경향이 있었다. 이에, 부분적으로 형성된 과학적 개념들이 상황에 따라 다른 설명 구조를 갖는 경우가 많으며, 같은 현상에 대해서도 원리적인 이해가 부족하여 다중적인 대안 설명을 사용하는 경향이 있었다. 이 유형의 학습자는 과학적 이론의 본성에 대한 절대주의적 관점, 학업성취와 관련되는 문제 풀이에서의 성공을 위한 학습목표, 사회구성원으로서의 자존감을 높이기 위한 준비단계로서 학교교육에 기대감을 갖는 것으로 나타났다.

마지막으로, 인과적 의미 형성 유형의 경우, 학생은 문제의 초점을

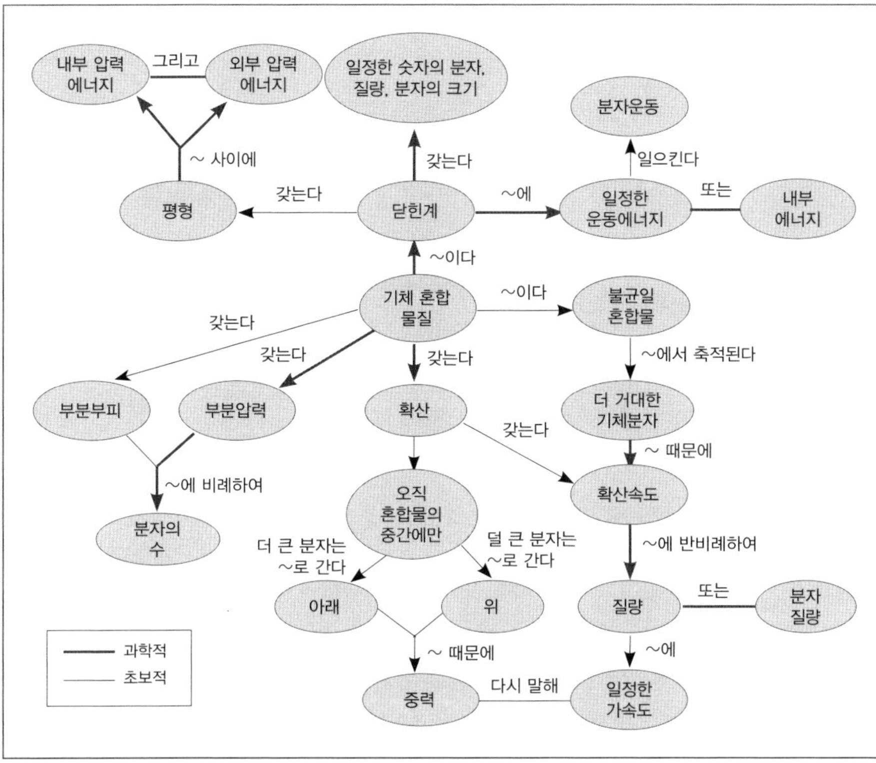

그림 6-3 기체 분자 운동론에 대한 인과적 의미 형성 유형의 사례
자료: 조인영 외, 1999.

파악하는 능력, 개념망의 효과적인 구성과 재구성을 통하여 성공적인 개념 변화 과정을 경험했다. 또한 과학이론들이 갖는 이상조건이나 모형의 역할을 잘 이해하기 때문에 의미 있는 개념을 구성할 수 있는 것으로 파악되었다. 이 유형의 학습자는 과학 개념에 대한 인식론적 측면과 심리적 측면, 사회적 측면이 역동적으로 상호 연관되어 개념 변화 과정에 관여한다. 특히 타 교과 관련 지식이나 조직화된 선개념을 효과적으로 사용하여 개념 변화를 성공으로 이끄는 경향을 보였다.

개념 변화 연구 흐름 2

치의 존재론적 범주 간 이동

치는 기본적으로 개념의 속성이 범주화에 있다는 가정에서 출발하였다(Chi, 1992). 즉 사물이나 사건, 또는 현상에 대한 공통된 속성을 범주화하고 공통된 속성을 추상화한 결과물을 개념이라고 보고, 범주화의 변화를 개념 변화라 본 것이다. 치 등은 과학 개념을 물질(matter), 과정(processe), 정신적 상태(mental state)의 범주로 나누었다(Chi et al., 1994). 각 범주는 몇 가지 하위 범주로 구성되어 있다(그림 6-4).

그림에서 보듯이 물질, 과정, 정신적 상태 범주는 각기 몇 가지 하위 범주를 포함한다. 물질 범주는 '자연물'과 '인공물'의 하위 범주를 지니며, 과정 범주는 '절차', '사건', '제한조건 내의 상호작용(constraint-based interaction)' 등의 하위 범주를 가진다. 또 정신은 '감정적' 상태와 '의도적' 상태의 하위 범주로 구성된다. 각 범주는 서로 다른 존재론적 속성을 배타적으로 갖는다. 모래, 페인트, 사람과 같이 물질 범주에 속한 실체는 '담을 수 있고', '저장할 수 있고', '부피와 질량을 갖고', '색이 있는' 속성을 지니지만, 과정 범주의 실체는 '시간에 따라 나타나고', '결과가 나타나는' 등의 속성을 지닌다(Chi et al., 1994). 또 치 등은 과학 개념이 과정 범주의 '제한조건 내의 상호작용'에 속해 있으며, 이 범주가 '시작과 끝이 없고, 순차적이 아니며, 동질적이고 동시적이며 계속 진행되는' 속성을 지닌다는 것을 밝혔다(김미영, 2007).

이 연구 흐름에서는 학습이 어려운 이유로 학생들이 어떤 개념에 대해 자신이 보유한 범주와 그 과학 개념이 실제로 속한 존재론적 범주가 잘 들어맞지 않는 경우를 들고 있다(Chi et al., 1994; Slotta et al.,

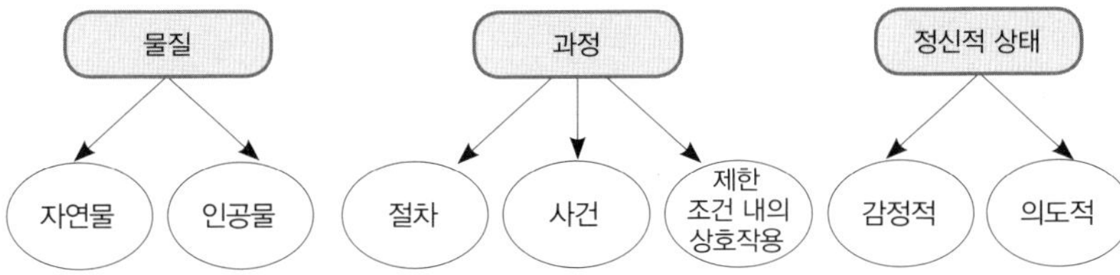

그림 6-4 존재론적 범주
자료: 김미영, 2007.

1995). 특히 힘, 전류, 빛, 열 등과 같은 많은 과학 개념이 '과정' 범주의 하위 범주인 '제한조건 내의 상호작용' 범주에 속하는데, '물질' 범주에 속하는 것으로 혼동하는 경우가 그것이다. 마찬가지로, 학생은 힘에 대한 개념을 물체가 소유하거나 소모하는 물질의 형태로 표상하기 쉬운데, 실제 과학 개념은 '물질' 범주가 아니라 '과정' 범주에 속하기 때문에 학습에 어려움을 겪는다(오원근, 1998).

개념 변화는 급진적(radical) 변화와 일반적(normal) 변화로 구분되고, 이러한 구분은 세 가지 존재론적 범주 간 관계 변화에 근거하여 설명된다. 한 범주 내에서의 이동은 일반적(점진적) 개념 변화를 이루는데, 이처럼 존재론적 범주의 이동을 필요로 하지 않는 개념들은 학습하기가 상대적으로 쉽다. 이에 비하여, 급진적(혁명적) 개념 변화는 그 개념의 존재론적 속성을 이동하여 존재론적 지위를 새롭게 할당하는 것을 의미하며, 범주 간의 이동을 의미한다. 다시 말해, 급진적(혁명적) 개념 변화는 주어진 개념을 기존의 존재론적 나뭇가지에서 새로운 존재론적 나뭇가지에로 편입시키는 것에 해당한다. 이때 기존의 의미와 새로운 의미는 서로 일대일 대응이 되지 않는 불가공약적인 관계가 된다. 과학사에서도 나타나듯이, 열을 초기에는 열소설과 같이 '물질(matter)' 범주로 생각하다가, 높은 온도에서 낮은 온도로 이동함으로써 계의 에너지 변화를 일으키는 '과정(process)' 범주로 바뀌는 경우를 대표적 사례로 들 수 있다. 이때 이러한 두 개의 존재론적 범주는 서로 불일치하고 양립할 수 없기 때문에, 한 범주에서 다른 범주로의 이동이 어렵기 마련이고, 이것이 급진적(혁명적) 개념 변화가 어려운 이유라고 설명한다(박종원, 2002).

개념 변화 연구 흐름 3

디세사의 현상론적 초안과 정합조정체

지식을 구성하는 토대가 되는 요소들은 무엇인가? 이에 관해서 개념의 발달 과정을 살펴보는 것이 도움이 될 것이다. 발생적 인식론자인 피아제는 기본 과학 개념을 중심으로 인지구조의 발달을 제시했다(Piaget, 1972). 여기서 살펴볼 연구 흐름은 피아제가 제시한 인지구조에서의 '행동' 역할을 바탕으로 개념 변화가 어떻게 이루어지는지에 관한 것이다. 이와 더불어, 디세사가 지식 구성의 토대가 되는 요소로 제시한 개념과 개념 변화의 본질인 '현상론적 초안'과 '정합조정체'를 살펴보기로 한다(diSessa, 1983). 현상론적 초안은 모형을 형성하는 단편들을 일컬으며, 정합조정체는 발견적 개념 변화 과정을 설명한다.

행동 기반의 개념 발달과 특성

크넬 등은 연구를 통해 피아제가 제시한 인지구조에서 '행동'의 역할을 바탕으로 하여 물질(matter) 개념의 발달에 대한 이론을 전개하였다(Krnel et al., 1998). 그들에 따르면, 아동은 원시적 행동(primitive action)을 하는데, 그 원시적 행동들은 특정 개념을 이해하기 위한 바탕이 된다. 예를 들면 물질 개념을 이해하기 위한 원시적 행동은 움켜쥐기, 움직이기 등이 되는 셈이다. 이런 원시적 행동이 조합되고 이용되면서 원형(prototype)으로 발달해간다. 원시적 행동은 예를 들면, 부분은 물질 전체와 함께 움직인다든지 혹은 물체(object)에 접촉하면 물체는 움직인다든지 등의 도식으로 형성된다. 아동은 원시적 행동, 원형, 도식, 그리고 법칙을 사용하여 '물질' 개념에 대한 가설을 세울 수 있다.

'물질'을 예로 들면, 아래 항목에서 볼 수 있듯이 아동은 원시적 행동을 통하여 고체, 액체, 기체를 구분할 수 있다.

원시적 행동	물질
잡다, 부수다, 싣다	고체
붓다, 운반하다, 흐르다	액체
불다	기체

특정 물질을 가지고 여러 가지 행동을 반복하면 특정 물질의 형태를 나타내는 원형을 발달시킬 수 있다.

원시적 행동	물질
물을 붓다	물 = 액체의 원형 예
공기를 불다	공기 = 기체의 원형 예

원형들은 서로 합쳐져서 물질의 속성을 나타낼 수 있다. '물 + 공기 = 물이 끓는다'의 사례를 통해 살펴보면, 물과 공기를 더해 끓음의 속성을 드러낼 수 있다. 이와 유사하게 원형들의 속성이 합쳐져서 다른 물질을 나타낼 수 있다. 예를 들면 '고체 + 푸른색 = 황산구리(황산염)'의 사례에서는 두 속성이 더해져서 물질을 구체적으로 표현할 수 있다.

원시적 행동을 조합하여 도식을 만들면 물질을 더 자세하게 정의할 수 있다.

도식	물질
잡다 + 부수다	단단한 고체
잡다 + 혼합하다	부드러운 고체
잡다 + 가루로 만들다	고체 가루

또한 원시적 행동과 물질의 원형을 조합하면 도식 과정을 형성할 수 있다.

행동		원형	과정
부수다, 가루로 만들다	+	물	용해

한편, 원시적 행동과 물질을 조합하면 법칙이 만들어진다.

들다, 밀다 + 물질 (물체)	→	물질(물체)은 무게(질량)가 있다.
싣다, 가루로 만들다, 붓다 + 물질	→	물질은 부피를 차지한다.

물질은 존재론적 범주가 아니며, 외적 성질(extensive property)과 내적 성질(intensive property)의 개념을 사용하면 물체와 물질의 구별이 가능하다. 물체의 특성은 외적이고 물질의 특성은 내적이다. 모든 물체는 물질로 만들어지지만, 모든 물질이 물체일 필요는 없다. 피아제는 이러한 차이를 기반으로 외연성과 내연성을 구분하여 물체를 분류했다(Piaget, 1972). 외연성(extensiveness)은 물질의 양(amount, quantity)과 관련이 있고, 내연성(intensiveness)은 물체의 성질(property, quality)과 관련이 있다.

내적 성질과 외적 성질을 가장 간단하게 구별하는 방법은 물체를 부수어 변화를 관찰하는 것이다. 내적 성질은 부수어도 보존되는 것을 말한다. 즉 내적 성질은 밀도, 경도, 온도, 화학반응성, 전도도, 전성, 탄성, 물질의 상태 등 많은 물리적 · 화학적 성질을 말한다. 물체가 동질 물질이라면 내적 성질은 여기에 맛, 냄새, 색 등을 포함한다. 반대로 외적 성질은 부술 때 변하는 질량, 부피, 크기 등을 일컫는다.

유아는 처음에는 색, 그다음에는 모양을 구별한다(Mehler & Dupoux, 1994). 물체를 분류하기 위해서는 물체를 만지고 다룰 수 있어야 하기 때문에, 아동은 우선 관찰을 통해서 내적 속성을 경험한다. 즉 보고, 맛보고, 냄새 맡고, 만져보고, 주무르는 등의 원시적 행동을 통해서 그 물체의 색, 맛, 냄새, 구조, 단단함을 경험하게 된다. 이처럼 아동은 물체의 물질적(내적) 속성을 발견하면서 존재론적 범주로서 '물체' 개념을 형성하게 되는 것으로 보인다(Krnel et al., 1998). 이후, 조작을 통해서 크기, 모양 등을 인식하고 물체를 유형별로 분류할 수 있게 된다. 이때 물체는 크기, 색, 형태 등 다양한 외적 · 내적 성질에 따라 이루어진다.

물체에 대한 정의를 내린 다음 아동은 '이 물체를 가지고 무엇을 할 수 있을까?' 하는 특정 기능이 정해진 행동을 통해서 물체를 구성하는 속성으로서의 물질에 대해 알게 된다(Mariani & Ogborn, 1991). 즉 나무토막이 정사각형이라는 물체(외적 성질)를 인식한 다음에 나무로 만들어진 물질(내적 성질)을 알게 되는 것이다. 물체와 물질을 더 잘 구별할 수 있게 해주는 연관 개념은 '수' 개념의 형성이다(Cartwright, 1970). 고체인 물체나 거시적 크기를 갖는 단단한 물질은 제한적이고 비연속적이어서 셈이 가능하지만, 일반적으로 물질은 연속적이어서 셈이 불가능하다.

이처럼 '물체'와 '물질' 개념의 발달은 매우 밀접하게 상호 연관되어 있으며, 물체의 외적 성질은 물질의 내적 성질과 중복되어 있는 것처럼 보인다(Krnel et al., 1998). 물질을 알기 위해서는 때로 물질을 물체화하는 것이 필요하며(Sere, 1991), 물체의 내적 속성을 부여해야 한다. 예를 들어 기체는 공간을 차지한다고 봄으로써 기체를 물체화할 수 있으며, 다른 물체지만 같은 물질로 구성되어 있음을 파악함으로써 물체의 내적 속성을 이해할 수 있다(Vogelezang, 1987). 실제로 아동이 나이가 들면서 물체와 물질 개념을 어떻게 발달시켜 나가는지 그리고 고체, 액체, 기체를 어떻게 분류하고 개념을 이해하는지에 관해 살펴보기로 한다.

물체와 물질

물체와 물질의 연관성은 내적 성질과 외적 성질을 구분할 때 확실해진다. 하지만 아동은 경험에서 획득한 여러 가지 기준으로 물체와 물질을 구분한다. 일반적으로 3~8세의 아동은 물체를 깨뜨리면 물체는 파괴되지만 물질은 같은 것이라고 여긴다. 하지만 연령이 낮을수록 지각할 수 있는 성질로 물질을 정의한다. 예를 들어, 4~7세의 아동은 물질을 구분하는 기준으로 표면을 고려하며, 8~9세의 아동은 무게를 중요한 기준으로 삼는다(Smith et al., 1985). 디킨섬에 따르면, 아동이 물체와 물질을 구분할 때 아동의 연령, 물체의 크기, 물체와의 익숙함, 물체의 형태—가루, 연속체— 등, 물질에 대한 정의와 같은 요소들의 영향을 받는다(Dickinsom, 1987). 예를 들어, 아동은 철못과 철가루는 다른 물질이라고 생각하며, 황도 형태가 달라지면 다른 물질이라고 여긴다(Vogelezang, 1987). 아동의 연령이 약 9~10세가 되면, 어느 정도 발달된 물질 개념을 갖지만, 물체 개념과 뚜렷하게 구분하기 어렵다(Dickinsom, 1987). 아동은 물체와 물질을 비슷한 것으로 여긴다. 예를 들면, 숟가락은 숟가락이고 나무는 나무라고 생각하며, 나무로 만든 숟가락은 생각하기 어려운 것이다. 연령이 높아질수록(10세 이상) 아동은 '물질' 개념 사용이 증가하고(Stavy, 1991b) 물체가 작은 물체들로 구성되었다는 생각에서 차차 물질을 물체를 구성하는 속성으로 생각하기 시작한다(Smith et al., 1985).

물질을 분류할 때 외적 또는 내적 성질의 의미를 사용하는가의 문제는 사용하는 물질에 따라 달라진다. 금속의 경우, 금속이 갖고 있는 내적 · 외적 성질은 쉽게 알 수 있는 개념이다. 따라서 아동은 금속의 외적 속성—강하다, 단단하다, 날카롭다 등—과 내적 속성—광택을 띤다 등—을 쉽게 파악할 수 있다(Russell et al., 1991).

고체

고체를 분류하는 기준은 다양하게 나타난다. 단단한가 부드러운

가, 모양이 고정되어 있는가 혹은 변형할 수 있는가, 쉽게 녹는가, 보고 만질 수 있는가 등의 내적 성질이 분류 기준이 된다. 또한 크기가 얼마만한가, 가루인가 혹은 끊어지지 않는 형태를 가졌는가 등의 외적 성질도 기준으로 사용된다. 그 외에 날카로움의 외적 성질, 무게의 외적 성질, 밀도의 내적 성질, 색의 내적 성질 등이 사용된다. 여러 연구에서 밝혀진 것처럼, 아동이 사용하는 고체 분류 기준은 [표 6-3]과 같다.

[표 6-3]은 특정 연령의 아동에게서 비교적 두드러지는 고체 분류 기준을 나타낸 것이다. 우선 고체를 분류할 때 나타나는 행동은 들어보기, 부숴보기, 잡아서 단단한가 확인하기 등이다. 특히 단단함은 액체와 고체의 분류 기준이 되는데 모양이 없는 물질—반죽이 되는 것, 쉽게 녹는 것, 가루—을 분류할 때는 어려움을 경험하기도 한다. 따라서 고체로 분류하는 데 가장 문제가 없는 것은 덩어리 금속이다. 또한 아동은 견고함을 물질의 내적이고 불변적인 성질로 생각하기도 한다. 예를 들어 얼음은 물로 변하기 때문에 고체가 아니라고 생각한다. 즉

표 6-3 아동의 고체 분류 기준

고체 분류 기준	연령	자료
행동	12	Lee et al.(1993)
	14~15	Mortimer(1993)
단단함, 견고함 (가루인가, 용해되는가)	7~12	Stavy & Stachel(1985), Jones et al.(1989), Ryan(1990)
표면, 원형 예	7~12	Jones et al.(1989)
무게	12	Lee et al.(1993), Driver(1989)
색	5~7	Smith et al.(1985)

견고함을 상실할 수 있는 물질은 고체가 아니라고 판단하는 것이다.

크기도 고체를 분류하는 중요한 기준으로 고려된다. 즉 크기가 큰 것이 고체라고 보는 것이다. 하지만 고체에 물이 혼합되어 있는 경우에 문제가 생기는데, 물이 많을수록 액체로 분류한다. 고체의 표면 또한 중요한 기준으로 작용한다. 입자 사이에 공간이 있는 설탕과 같은 물질은 고체로 분류한다. 이에 설탕이나 소금은 주로 고체의 원형으로 사용되어 고체를 판단하는 기준이 된다. 3~4세 아동은 무게를 크기와 구분하기는 하지만, 무거운 느낌을 무게라고 생각한다. 따라서 무게는 물질의 종류에 따라 다른 것으로 여긴다. 예를 들어 스티로폼은 무게가 없고, 나무로 된 물체는 가벼우며, 금속은 무겁다고 생각한다. 또한 무게는 주로 단단함과 연관되어 고체의 또 다른 성질로 간주한다. 예를 들어 연소 시 생성되는 재는 가루이고 가볍다. 따라서 재는 무게가 없는 것으로 보아 고체로 간주하지 않는다.

색을 고체의 구분 기준으로 삼는 것은 어린 아동에게서 나타난다. 아동은 무게와 연관하여 어두울수록 무거운 것으로 생각한다. 무게와 밀도 개념을 구분하는 것은 물질의 특성을 이해하기 위해 중요한 것으로 간주되지만, 많은 경우 아동은 외적 성질인 무게와 내적 성질인 밀도를 혼동한다. 7~9세의 아동은 물체가 가벼우면 뜨고, 무거우면 가라앉는다고 생각한다. 연령이 높은 아동은 물체가 뜨는 이유를 공기를 포함하거나 조밀하지 않은 물질로 구성되어 있기 때문이라는 등의 추가 설명을 한다. 하지만, 크기에 비해 가볍기 때문에 물체가 뜬다고 설명하는 아동은 소수다.

액체

액체 개념은 즉시 지각할 수 있는 내적 성질 때문에 고체 물질 개념보다 더 명확하다(Krnel et al., 1998). 아동은 붓는 행동으로 '액체'라는 단어를 쉽게 이해한다. 따라서 아동은 흐를 수 있는 물질을 액체라고 정의하며 액체의 원형으로 물을 든다. 하지만 점성 물질의 경우 또는 색이 있는 불투명한 액체일 경우 판단에 어려움을 겪기도 한다(Jones et al., 1989). 연령에 무관하게 거의 모든 아동은 미지의 무색 액체는 물이라고 생각한다. 어린 아동에게 제공된 액체가 물인지 증명하라고 하면 쏟거나 흔드는 행동을 통해 증명해 보이려 한다. 반면, 연령이 높은 아동은 다른 행동, 예를 들어 맛, 냄새, 촉감 등의 다른 요소들을 추가하여 증명하려고 한다. 따라서 고체와 액체를 구별하는 주요 기준은 '흐를 수 있는가'이며, 또 다른 기준은 물과 연관된 요소가 될 것이다(Russell et al., 1991).

기체

아동은 기체를 개념화할 때 가장 어려워한다(Krnel et al., 1998). 기체를 확인하는 지각적 단서가 액체나 고체보다 감각적으로 확인하기 어렵기 때문이다. 아동은 움직일 때와 입으로 바람을 불 때 공기를 느낄 수 있다. 또한 공기를 통해 냄새를 맡을 수 있다. 5~7세 아동의 약 30%가 주위에 공기가 존재한다고 생각하며, 이것은 8~9세 이후로 급격히 증가한다(Russell et al., 1991). 11세 아동의 경우 공기의 속성을 움직임으로 보는데(Sere, 1986; Russell et al., 1991), 움직임의 원인과 결과를 자주 혼동하지만 움직임은 공기를 지각하는 데 매우 중요한 요소로 작용한다. 아동은 공기의 흐름을 연속성을 가진 물에 비유하며(Novick

& Nussbaum, 1981), 뜨거운 공기가 올라가는 것은 알지만 차가운 공기가 내려가는 것은 잘 알지 못한다. 또한 공기는 가열하면 기체로 변한다고 생각하기도 한다(Prieto et al., 1993). 공기의 성질을 이야기할 때, 아동들은 부정적 표현—맛이 없다, 색이 없다 등—을 사용한다. 어린 아동은 공기는 기체가 아니며, 기체는 위험하고 타는 것이라고 생각하는 경향이 있다. 12세의 8% 정도가 공기는 기체라고 생각하며(Krnel et al., 1998), 점차 기체의 일반적 개념을 형성해가는 것으로 보인다.

아동은 기체를 비물질적인 것으로 파악하려는 경향이 있다. 예를 들면 공기는 무게가 없다, 기체의 무게는 온도에 따라 변한다, 공기는 보이지 않는다, 공기는 잡을 수도 운반할 수도 없다 등이 아동이 흔히 갖는 생각이다. 또한 증기 실험 시 지각을 통해 확인 가능한 물질이 줄어들기 때문에 무게가 보존되지 않는다고 생각하기도 한다. 기체는 연속적이고 정적인 물질이어서 기체 사이에 공간이 없다는 생각은 기체에 압력을 가하거나 팽창시킬 때 기체의 움직임을 설명하기 위한 이유로 용이하게 사용된다(Krnel et al., 1998). 11~12세 아동은 용기 안의 기체에 힘을 가하면, 바닥에 기체가 더 많이 존재한다고 생각하기(Lee et al., 1993) 때문에 방 안의 공기는 고르게 퍼져 있지 않은 것으로 여긴다. 공기는 물과 비슷하게 흐르지만, 물보다 더 부드럽기 때문에 압력을 가할 수 있다고 생각한다. 어린 아동일수록 병이 멀리 있어도 냄새가 나는 이유를 냄새를 맡으려는 행동과 코 때문이라고 생각한다.

이상 아동의 물질 개념이 피아제의 인지구조의 '행동' 역할을 토대로 어떻게 조합되고 발달하는가를 보았다. 아동은 물질 개념을 원시적 행동을 통해 형성하고, 원형과 도식과 법칙을 사용하여 발달시켜가는 것을 알 수 있다. 예를 들어, 액체의 원형은 물이다. 아동은 붓는 행동으로 액체라는 단어를 획득하고 물이라는 원형을 기준으로 다른 종류의 물질이 액체인지 아닌지를 구분한다. 이처럼 디세사는 개념의 본성이 아동의 직접적인 경험을 통해 형성된다는 것을 전제한다(diSessa, 1983). 아동은 직접적인 경험을 통해 사물이 실제 상황에서 어떻게 작동하는지 설명하는 작은 지식구조들을 갖게 된다. 이 조각난 지식을 현상론적 초안이라 부른다.

현상론적 초안

지식을 구성하는 토대에 관해서, 디세사는 개념 변화의 표준 모형이 제시하고 있는 개념과 개념 변화의 본질에 관해 몇 가지를 비판했다(diSessa, 1988). 우선 개념이 무엇인가에 대한 논의가 명시적이지 않다는 점이다. 개념 변화의 표준 모형을 제시하는 문헌들에서 나타나는 개념은 개념에 해당하는 노드들(nodes)이 연결되어 있는 연결망으로 기술되므로, 개념과 개념의 연결을 중요하게 다룬다. 그러나 이러한 개념의 이미지는 개념의 추가나 제거는 설명할 수 있지만, 개념 사례의 추가나 제거에 대한 설명은 어렵고, 개념 체계가 나뉘고 통합되는 변화에 대한 설명도 쉽지 않다. 다음으로, 개념 변화를 쿤의 과학혁명에 해당하는 강한 개념 변화에 중점을 둠으로써 기존 개념과 새 개념의 불가공약성을 전제하고 개념의 통합과 같은 발달 과정은 설명하지 못한다. 따라서 전통적인 개념 변화의 표준 모형을 비판하고 발견적 개념 변화로서 정합조정체(coordination class)와 같은 구인을 제시하고 대안적인 개념 변화 모형을 제시했다.

디세사는 대표적인 표준 모형으로서 캐리의 약한 개념과 강한 개념의 재구성을 예로 들었다. 약한 개념 재구성은 개념의 의미는 그대로 있고 개념 간의 관계가 변화하는 것이다. 예를 들어 '힘이 없으면 운동이 없다'라는 개념들과의 관계가 '힘이 없으면 가속도가 없다'로 변화하는 것을 의미한다. 이때 힘, 운동, 가속도 개념에 대한 의미는 변화하지 않는 반면 개념들 간의 관계만 변화하는 것이다. 반대로 강한 개념 재구성은 과학철학에서 쿤이 제시한 과학혁명에 해당하며, 이전의 개념과 변화된 개념은 불가공약적이다. 강한 개념 재구성인 경우에는 힘 개념 자체가 변한 것이다.

캐리는 강한 개념 재구성은 쉽게 발생하지 않기 때문에 진정한 의미의 개념 변화에 해당한다고 보았다. 마찬가지로, 포스너 등도 개인 학습을 쿤의 '정상과학'과 '과학혁명'에 유비하여 약한 개념 변화와 강한 개념 변화를 제시했다(Posner et al., 1982). 이때 캐리가 개념으로 간주한 것은 하나의 말(단어구, a word of phrase)이지, 통합된 정신 구조가 아니었다. 캐리가 다루었던 개념들은 주로 개, 동물, 삶, 죽음 등과 같은 것이어서 운동, 힘, 속도, 가속도와 같은 종류와는 다르다. 전자와 후자의 개념들은 다른 종류의 추론을 요구하기 때문에 개념을 알기 위해서는 다양성을 포괄하는 이론이 요구된다.

디세사는 개념을 개념 노드들로 구성된 단일한 정신적 구조도 아니고, 개념에 연합되어 있는 몇 개의 정신 구조도 아니며, 일종의 지식 구조 같은 것이라고 하였다. 그는 현상론적 초안이라고 불리는 지식 구조를 제안하면서, 이를 지식의 이론적 체계 내에서 설명되는 것이 아니라, 사람들이 물리적 세계에 대해 자명하게 받아들이며 다른 현상들을 설명할 수 있는 것으로 정의하였다. 현상론적 초안이라는 이름에서도 나타나듯이, 사물의 주요 특징 몇 개를 취하면서 경험을 해석하는 데 사용되는 것으로 서로 조각나 있거나 느슨하게 연결되어 있는 조각난 지식(knowledge in piece)이라고도 한다. 이러한 현상론적 초안들은 서로 조각나 있거나 느슨하게 연결되어 있으며, 더욱 복잡한 지식 체계로 체계를 갖추어나가는 점진적인 과정을 개념 변화 과정으로 설명하였다.

이처럼 개인의 현상론적 초안은 고정된 것이 아니며 변화한다. 먼저 물리적 세계의 다른 특성이나 특징을 기술하기 위해 새로운 현상론적 초안이 생성될 수 있다. 더욱 극적인 변화는 직관적 지식 체계 안에서 현상론적 초안의 기능이 변하는 것으로, 더는 자명하지 않으며, 물리법칙과 같은 복잡한 지식 구조에 정당화를 위임하고, 구체적인 상황에 대해 설명하는 축소된 역할을 수행하게 된다(diSessa, 1993).

정합조정체

이후 디세사와 세린은 기존의 개념 변화 연구에서 무엇이 개념을 구성하는가에 대한 논의가 명시적이지 않다고 지적하면서 정합조정체(coordination class)라는 새로운 개념 유형을 도입하여(diSessa & Sherin, 1998), 정합조정체가 세련화와 정교화를 통해 점진적으로 발달하는 과정을 보여주었다(박종원, 2002; 허남영, 2007).

디세사가 정합조정체를 제시한 것은 개념을 원형이나 사례를 담는 하나의 범주와 같은 기술적 용어로서가 아니라 다양한 이론적 구인으로 간주했기 때문이다. 어떤 개념 사례는 범주와 유사할 수도 있지만 본질적으로는 범주와 유사하지 않다는 관점이다. 그에 따르면, 정합조정체는 정보를 얻는 방식으로서 체계적으로 연관되어 있다. 여기서 '조정한다'는 '본다' 혹은 '정보를 결정한다'라는 의미를 갖는 동사로 사용되었다. 예를 들어, 속도에 대한 정합조정체는 차의 속도가 빠른가 느린가, 두 개의 차 중에서 어느 차의 속도가 더 빠른가 등과 같은 속도에 대한 설명에 초점을 둔 반면, 범주와 유사한 개념은 어떤 특징(본질)이 특정 범주에 속하는가 아닌가를 파악하는 데 초점을 둔다.

정합조정체는 이중적 의미를 갖는다. 하나는 주어진 상황에서 다중 관찰이나 다중 양상을 조정하여 필요한 정보를 결정하는 것으로서, 통합(integration)의 의미를 갖는다. 다른 하나는 다양한 사례와 상황에서 정보를 추출하기 위한 지식이 동일한 정보를 믿을 만하게 결정해야 하는 것으로서, 불변성(invariance)의 의미를 갖는다. 통합과 불변성은 정합조정체가 일차적으로 수행하는 것으로서, 단순히 '정보를 얻는 것'을 넘어선다.

정합조정체가 통합과 불변성을 구축하는 데 작용하는 구성 요소는 인과적 연결망(causal net)과 정보추출전략(readout strategy)이다. 인과적 연결망이란 변인 간의 인과적 관련성에 대한 정보를 가지고 있는 것으로 뉴턴의 운동방정식을 예로 들 수 있다. 더욱 초보적인 인과적 연결망으로는 '물체를 밀면 더 멀리 간다'와 같은 구체적인 현상과 관련된 것이다. 또 정보추출전략이란 세계로부터 정보를 얻는 방법을 의미한다. 예를 들면, 주어진 내용이 어떤 범주에 들어갈지 결정하는 전략(예를 들면 어느 자동차의 속도가 더 빠른지를 결정하는 방법), 다양한 상황과 풍부한 정보 속에서 믿을 만하고 결정적인 것, 그리고 관련된 정보와 특징을 선택할 수 있는 전략, 여러 관찰을 서로 조합할 수 있는 전략 등이 그것이다. 이러한 전략의 사용을 통해 다양한 상황과 풍부한 정보를 통합(integration)하게 되고, 그렇게 통합된 다양함 속에서 하나의 동일한 정보, 즉 불변성(invariance)을 구축함으로써, 복잡해 보이는 다양한 정보와 상황 속에서 정합성을 유지하게 되는 것이다(박종원, 2002).

이와 같이 정합조정체가 통합과 불변성을 구축하면서, 비정합적인 상태의 개념이 정합성을 갖추어 나가는 방향으로 개념 변화가 일어난다고 볼 수 있다.

개념 변화 연구 흐름 4

보스니아도의 인지구조 이론과 정신 모형

보스니아도는 개념 변화에 대하여 인지적이고 발달적으로 접근했다(Vosniadou, 1994). 인간의 마음(mind)을 발달하는 것으로 보고, 물리적이고 사회적인 세계로부터 정보를 취합하여 특정한 메커니즘을 만들면서 진보한다고 보았다. 그녀는 학생의 오개념을 일관성이 없는 것으로 간주하는 디세사의 연구(diSessa, 1993)를 비판한다. 학생들의 이론은 순진하기는 하지만 무관한 정보들의 모음이 아니라고 보았다. 학생들의 순진한 이론은 협소하지만 정합적인 설명틀을 갖고 물리적 세계를 개념화하기 때문이다. 정합적인 설명틀을 갖춘 학생의 개념구조는 크게 틀 이론(framework theory)과 특정 이론(specific theory)의 이중구조로 이루어져 있으며, 개념들은 틀 이론과 특정 이론 안에 박혀

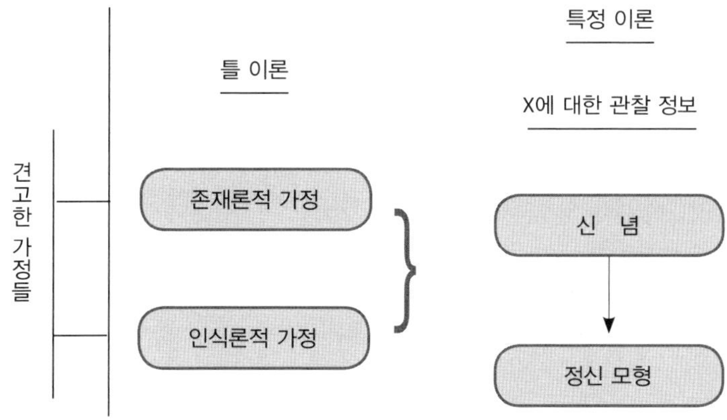

그림 6-5 X에 대한 초기 정신 모형을 이루는 가설적 개념 구조
자료: Vosniadou, 1994.

있다고 보았다.

틀 이론은 마음깊이 새겨진 전제들(entrenched presuppositions)인 존재론적이고 인식론적 가정들(ontological and epistemological assumptions)로 구성되어 있으며, 물질 세계의 행동 방식을 설명하는 데 연관된다. 틀이론의 전제들은 특정이론을 구성하기 위해 학생들이 문화적인 맥락에서 받은 정보를 해석하는 방법을 규제한다. 특정 이론은 물질의 특성과 행동을 기술하고 일련의 내적으로 연관된 제안들인 신념으로 구성되어 있다. 특정 이론은 틀 이론의 통제하에서 문화적 맥락에 근거하여 관찰한 것을 설명하거나 정보를 표현할 때 생성된다. 이 과정을 통해서 형성된 특정 이론은 계속해서 풍부해지고(enriched) 수정된다(modified). 오개념은 학생들이 과학적 관점에 반하는 정보를 가지고 있는 기존의 틀이론 안에서 조화롭게 동화하고자 하는 시도 과정 중에 만들어진 것이다(오준영, 2006). 즉, 오개념은 틀 이론의 전제와 신념에 모순되는 정보가 결합되려고 할 때 일어나는 중간결합적인 모형이다. 따라서 자신의 틀 이론을 바탕으로 새로운 정보를 해석하여 결합시킨 결과로서 현상들에 대한 해석이 과학적 견해에서 볼 때 일관성이 없는 오개념으로 보이지만, 학생이 가진 틀이론을 고려하면 나름대로 일관성을 추구하려는 시도에서 나온 설명이라는 것이다(허남영, 2007).

지구에 대한 틀 이론과 특정 이론, 그리고 이를 기반으로 형성되는 정신 모형을 살펴보자(그림 6-6). 지구에 대한 틀 이론을 구성하는 존재론적 전제들은 견고성, 안정성, 공간의 상하 조직, 중력에 관한 것으로 구성되어 있고, 인식론적 전제들은 사물이 보이는 것과 동일하게 존재한다는 것에 있다. 지구와 관련된 구체적 이론은 지구에 대한 관찰 정보와 문화적 정보, 그리고 신념으로 구성되어 있다. 관찰 및 문화적 정보는 '지구는 멀리서도 편평하게 확장되어 있다', '태양과 달과 별은 하늘에 있다', '하늘은 땅 위에 있다', '지구 아래 땅과 물이 있다' 등이며, 신념은 '지구는 편평하고 사각형이거나 구형이다', '지구는 아래에 있는 땅과 물로 지탱된다', '태양, 달, 별, 하늘은 지구 위에 있다' 등이다. 이러한 틀 이론과 특정 이론을 기반으로 형성되는 정신 모형은 사각형 지구, 원반형 지구, 도넛형 지구 등이 가능하다.

지구에 대한 아동의 초기 개념은 지구가 편평하고, 땅과 물로 지탱되고, 정지되어 있고, 지구 위에 하늘과 태양계가 고정되어 있는, 지구 중심의 우주다. 반면, 과학적 개념은 지구는 구형이고, 공간으로 둘러싸여 있고, 자전 및 공전하고, 지구 주위에 공간과 태양계가 둘러싸여 있는, 태양 중심의 체계다. 초기 정신 모형을 가지고 있는 상태에서 '지구는 구다'라고 하는 과학 문화로부터 정보를 받아들였을 때, 학생들은 지금까지 가지고 있는 전제들과 새 정보를 조정하면서 또

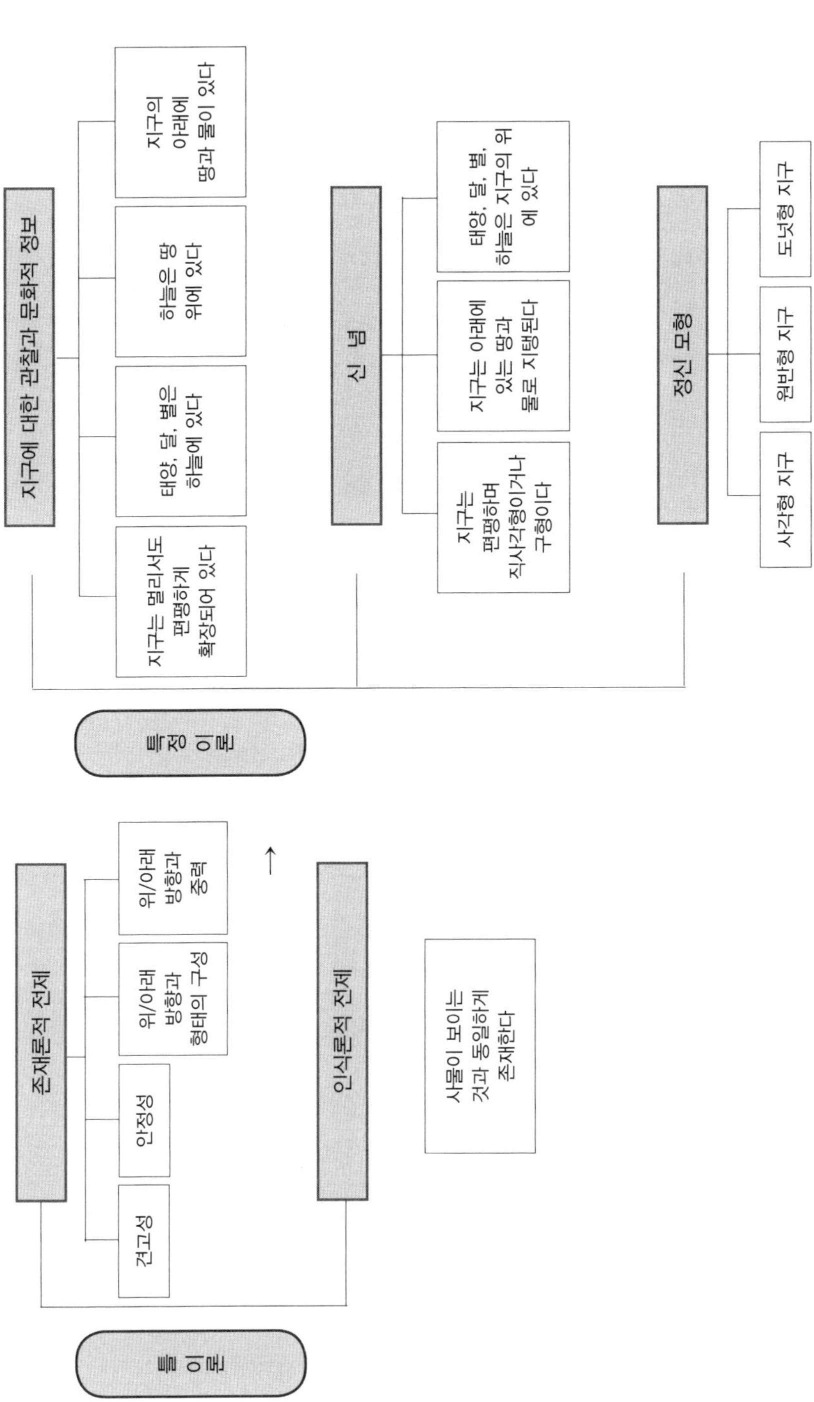

그림 6-6 지구에 대한 정신 모형

다른 정신 모형들을 구성한다. 즉 초기 정신 모형인 사각형 지구나 원반형 지구와 과학적 모형인 구형의 종합적 정신 모형(synthetic mental models), 예를 들면 편평한 구형 혹은 구멍 난 구형 등의 모형이 다양하게 형성되는 것이다. 이러한 종합 모형들을 형성하면서, 아동은 자신의 전제들을 가능한 한 많이 지속시키는 방식으로 지구가 구라고 하는 정보를 자신의 기존 지식 구조와 동화시키려 한다(Vosniadou & Brewer, 1992).

개념 변화의 유형에 대해서는 틀이론과 특정이론에 따라 나누는데, 크게 확장(enrichment)과 개정(revision)의 두 단계로 나눌 수 있다. 확장은 단순한 정보의 추가를 의미하며(쉬움), 개정은 다시 특정이론만 개정(쉬움), 틀이론에 기반한 특정이론 개정(어려움), 틀이론 자체 개정(어려움)의 세 경우로 나뉜다. 확장과 개정의 관점은 이후 연구에서도 지속되면서 과학 학습을 개념의 확장과 개정의 연속된 과정으로 설명한다(Vosniadou & Ioannides, 1998).

개념 변화는 주로 아동의 초기 개념구조의 변별과 위계적 통합이라고 설명되어 왔는데, 이와는 다른 방식의 개념 변화들도 제안되었다. 예를 들어, 개념위계 재조직 혹은 개념조직원리 변화(Thagard, 1992), 존재론적 범주 간의 변화(Chi, 1992), 혹은 다른 메커니즘들이 개념 변화를 설명하기 위해 제안되었고, 의심할 바 없이 중요한 개념 변화 유형에 해당된다. 그러나 편평한 지구라는 초기 정신 모형으로부터 구형의 지구라는 문화적으로 수용된 정신 모형으로의 변화는 이러한 급격한 변화로는 설명할 수 없다. 아동이 종합적 정신 모형으로서 형성하는 '구멍 난 구' 혹은 '편평한 구' 모형들을 어떻게 생성하는지 설명되지 않기 때문이다. 지구에 대한 아동의 정신 모형이 특정 전제들로 제한된다는 가정이 옳다면, 개념 변화가 일어나기 위해서는 이런 전제들을 재해석할 필요가 있다. 아동들은 어떻게 둥근 사물들이 때로 편평한 것처럼 보이는지를 이해할 필요가 있다. 또한 어떻게 중력이 구형 지구와 지구에 사는 사람들을 지탱하는지를 이해할 필요가 있다. 전제에 대한 설명체계가 변해도 땅이 편평하다거나 혹은 낙하 물체가 떨어지는 등의 일상에서 관찰 가능한 사실들은 변하지 않는다는 것을 아는 것이 중요하다. 이런 유형의 개념 변화는 설명틀의 변화를 요구한다. 이는 캐리가 제시한 강한 개념 변화와 유사하며, 과학사에서도 강조된 이론 변화의 중요한 특징이다(Carey, 1985).

7장

개념 변화의 연구 관점은 어떻게 변화해왔는가?

과학교육에서 구성주의는 1960년대와 1970년대에 과학교육 과정의 개정을 지배한 두 가지 특징—순진한 경험주의에 기초한 인식론과 인지발달 단계이론—에 반대하는 것에서 출발한다(Osborne, 1996). 일반 철학으로서의 구성주의는 오랜 역사를 갖고 있고 오스벨과 피아제와 같은 이론가에게서 그 뿌리를 찾아볼 수 있다. 반면, 과학교육에서 구성주의 운동은 일반적으로 드라이버와 이즐리(Driver & Easley, 1978)의 논문을 시작으로 한다(Cobern, 1993; Johnson & Gott, 1996). 또한 오스벨 등(Ausubel et al., 1978)이 저술한 책의 출판을 과학교육에서 인간중심 구성주의(Human Constructivist)가 시작되는 시점으로 보기도 한다(Mintzes & Wandersee, 1998).(표 7-1) 학습을 교사가 전달한 지식의 전수라고 보았던 전통적 관점을 극복한 새로운 패러다임으로서의 구성주의는 과학교육 연구에서 크게 세 방향, 즉 연구 관점의 변화(Cobern, 1993), 정성적 연구 방법의 확산(Cobern, 1993; Mintzes & Wandersee, 1998), 다문화적 연구(Cobern, 1993)에 영향을 주었다.

연구 관점의 변화

구성주의는 과학교육 연구에서 연구를 수행하는 기준 변화에 기여하였다. 연구를 수행한다는 것은 단순히 연구 방법을 적용하는 것 이상을 의미한다. 특히 교육 연구에서 연구자의 이론적 틀은 연구 과정의 모든 측면에 영향을 준다. 구성주의는 학습자를 백지 상태로 간주한 경험주의 관점에서 벗어나 새로운 학습관의 기준이 되었다. 즉 학습은 개인의 능동적인 의미구성 과정이며, 이 의미구성 과정은 다양한 사회적 경험에 영향을 받는다.

구성주의는 다양한 사람들의 학습뿐만 아니라 교수, 교사 교육, 교과과정 개발, 그리고 인식론을 보는 관점을 제공한다(Hewson et al., 1999). 학습을 이해하는 하나의 방식으로서 구성주의는 학습에 영향을 미치는 요소로서 동기 및 신념, 학습환경(McRobbie & Tobin, 1997), 동료 간, 집단 간, 학생과 교사와의 상호작용을 포함하며, 학습자의 초인지와 교사의 처치(intervention)를 중요하게 고려하는 수업 및 교과과정 개발에 많은 시사점을 갖는다. 특히 1980년대 이래 구성주의를 바탕으로 학생의 과학 개념을 이해하고자 하는 연구가 활발히 진행되었고, 유의미 학습, 개념 변화에 관심이 집중되기 시작했다. 학생의 개념과 과학적 개념의 차이, 학생의 개념의 본성 등에 대한 연구 결과를 토대로 제안된 유의미 학습의 여러 가지 도구들(예: Novak의 개념도, Gowin의 Vee 다이아그램)과 개념 변화 모형은 모두 구성주의 관점을 바탕으로 한다.

정성적(qualitative) 연구

구성주의는 학습자의 개념을 연구할 때 고려해야 할 점들의 지침으로 연구 방법과 연구 평가의 기준이 된다(Johnson & Gott, 1996). 실증주의적 인식론을 바탕으로 한 경험주의와 행동주의 교육에서 수행된 정량적인 연구방법은 자연 과학에서 사용하는 방법을 그대로 도입하여 인간 사회의 현상을 설명하고자 하였다. 따라서, 연구 결과는 확률과 같은 계량(計量)적인 방법을 사용하여 측정의 신뢰도를 강조하였고, 통계를 이용한 정량적 분석은 일반화를 가능하게 하였다. 이것은 기본적으로 각각의 인간이 동일하고 다른 변수를 통제하는 것이 가능하다는 것을 전제로 한다.

그러나 인간의 문제와 인간과 사회의 관련성을 다룬 학문인 '과학교육 연구'에 정량적인 접근을 도입할 때, 인간을 대상으로 변수를 통제한다는 것은 어려운 일이었다(박현주 · 이선경, 1999; 조용환, 1998; Linn & Erickson, 1990).

[표 7-1]에서 보듯이, 구성주의적 인식론의 배경에서 과학교육 연구는 심리학적 모형에서 인류학적 모형으로, 보편적 비교에서 개별적 서술로, 그리고 복잡한 다변량 분석에서 더 단순한 자료 변환으로 움직여왔다. 이런 연구 경향은 구성주의 이전의 정량적 연구 방법을 기초로 한 연구 결과가 '유의미한 차이가 없음'을 보고하는 데 그쳤을 뿐, 과학교육의 문제를 해결하는 데 실패했다는 비판과 함께 일어났으며, 결과적으로 정성적 연구가 급성장하게 되었다(Mintzes & Wandersee, 1998). 그 당시 가장 중요한 연구 중 일부는 과학 개념에 대한 학생의 이해를 강조하였으며, 정성적 연구 방법을 권장하였다. 구

표 7-1 과학교육 연구의 동향

	실용주의 (1918~1957)	학문중심주의 (1958~1977)	인간중심 구성주의 (1978~)
논제	• 유용성 • 효율성 • 관리 • 휴가, 일 • 인생 적응 • 시민의식	• (지식) 영역 구조 • 과학적 탐구 • 인간 발달 • 행동 변화	• 의미 만들기 • 이해 • 개념 변화 • 지식구조 • 질(Quality)
주도적인 이론가	• Dewey • Thorndike • Binet • Terman • Cubberley	• Ausubel • Bruner • Gagne • Schwab • Skinner	• Novak • Vygotsky • Kuhn • Toulmin • Glasersfeld
지배적인 인식론	• 합리주의, 실용주의	• 경험주의, 행동주의	• 후기실증주의, 구성주의
공통된 연구계획	• 서술 조사 • 상황 보고 • 비실험처치 연구계획	• 비모수 비교 • 상관관계 연구 • 실험처치 연구계획	• 개별 사례 서술 • 인지적 탐구 • 자연주의적 연구계획 • 사례 연구
연구 도구	• IQ와 능력 평가 • 부분적으로 구조화된 검사 • 조사연구, 질문지	• 정신(심리) 측정 • 표준화된 검사 • 관찰 도구	• 임상 면담 • 개념도 • 참여관찰 • 민족지학적 연구 • 교실수업 고안물
자주 사용된 자료 분석 방법	• 평균, 표준편차 • 표본 서술	• t−tests, ANOVA, • ANCOVA, r, R, • 다중회귀, ANOVA, 요인분석, 다변인 측정기법들	• 정성적 접근 • 연속적 비교
전형적인 연구 질문	• 과학교사와 학생들 특성 • 강의, 실험, 시범실험 • 과학 학생들의 미신적 신념 • 측정 도구 • 학년 배치	• 행동 목표와 분류 • 개별화 교수 • 교육과정 평가 • 비판적 사고, 과학적 태도 • 교실 수업 상호작용 • 교수법 비교	• 개념적 발달과 인지 • 인종과 성별에 따른 효과 • 교육적 내용 지식 • 인지적 수업처치 전략 • 전문가와 초심자 수행

자료: Mintzes & Wandersee, 1998.

성주의 연구자들은 학습을 더욱 깊이 이해하기 위하여 자연스런 상태에서 수행하는(naturalistic) 연구 기법, 사례 연구 등의 정성적 측정을 더 많이 사용한다. 구체적인 방법으로 임상 면담, 개념도, 그리고 참여 관찰을 수행한다. 정성적 연구 결과는 학습과 학습자를 이해할 때 그 폭과 깊이를 더해주며 실제 교육적인 시사점을 제공한다.

다문화적 연구

학습의 맥락을 형성하는 학습자의 문화에 대한 연구는 정성적 연구 방법의 하나인 인류학적 모형의 영향을 받아 형성되었다(그림 7-1). 불리번트에 따르면, 문화는 지리적 · 사회적 · 형이상학적 환경에서 생존하고 그 환경에 적응하는 사회집단의 계획이다(Bullivant, 1989). 문화는 전체 공동체에 영향을 주는 기대, 신념, 태도, 언어, 체계, 가치를 포함하고, 한 공동체가 '일상에서 만나는 사건, 사람, 또는 생각의 상호작용을 평가하고 해석하는 규칙과 지침'을 제공한다(Shade & New, 1993). 학습의 맥락으로서 문화는 언어, 경제/교육 수준, 직업, 지리적 위치, 성, 종교, 철학 등을 포함한다. 구성주의 관점에서 과학교육 연구는 개인의 지식 구성에서 합리적인 요소뿐 아니라 사회적 영향과 같은 비합리적인 요소도 고려한다(O'Loughlin, 1991). 예를 들어, 과학적 지식을 추구하는 것이 생존을 위해서는 중요한 목적이 아닐 수도 있다.

이처럼 과학교육 연구는 학습이 이루어지는 상황을 총체적으로 이해하기 위해서 개인의 계급, 무능력, 또는 민족과 관계없이 다양한

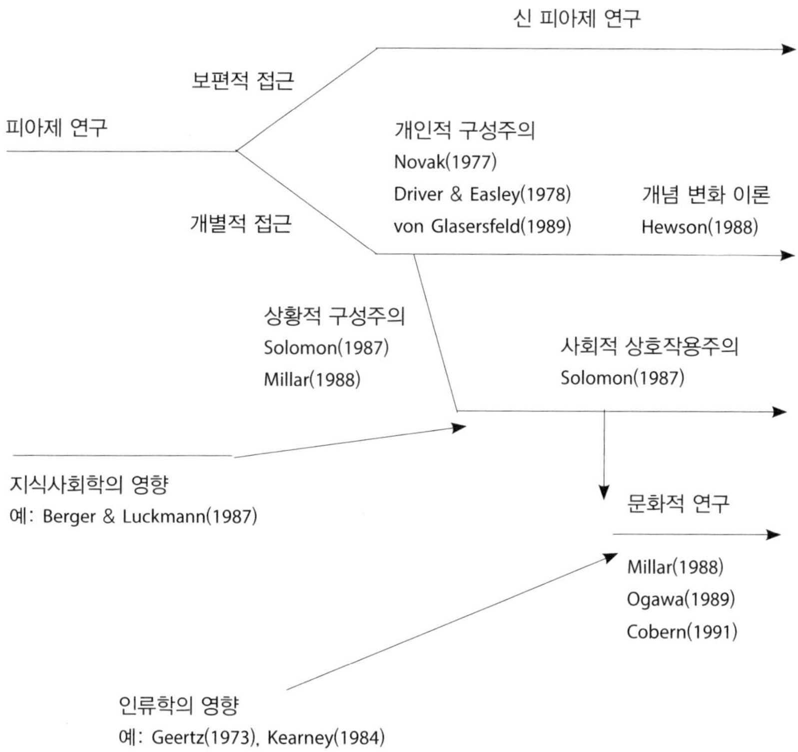

그림 7-1 과학교육에서 문화적 연구의 출현
자료: Cobern, 1993.

문화에서 지식 구성의 논제를 다룬다(Atwater, 1996; Cobern, 1996). 이러한 연구의 관점은 학습이 사회적 활동이라는 구성주의에 입각한다.

4부

개념 변화와 모형 기반 추론

8장

'개념'과 '모형' 연구 전통의 학습에 대한 공통논리는 무엇인가?

개념 변화 연구에서[*] 모형 기반 추론 과정을 탐색하는 연구가 시도되고 있다. 이는 개념 변화 연구 전통에서 모형이라는 구인을 가지고 학습을 설명하지 않고, 모형 형성 문제 해결(Model-building problem solving) 연구 전통에서 개념이라는 구인을 가지고 학습을 설명하지 않았던 1980년대의 연구 동향에서 큰 변화를 가져온 것으로 볼 수 있다. 과연, 개념과 모형은 불가공약적인 구인인가? 아니면 이들의 관계를 정립하고 학습을 설명하는 데 통합적이고 상호보완적인 적용 및 해석이 가능한가?

과학 학습의 본질을 이해하기 위해 우리가 사용해온 개념 혹은 모형이라는 조작적 용어의 의미를 해체하고 연구 전통의 흐름 속에서 개념 및 모형이 어떻게 사용되어왔는지를 탐색하는 것이 위 질문의 답을 구하는 데 도움이 될 수 있다. 개념과 모형은 각각 개념 학습과 문제 해결 맥락에서 발달해온 조작적 용어다. 1980년대 이후 구성주의를 토대로 과학교육 연구자들의 관심이 집중되어온 학습 이론은 크게 개념 학습과 문제 해결이었다(Eylon & Linn, 1988).

문제 해결 연구를 초심자와 전문가의 지식 영역 구조와 내용에 관한 연구와 문제 해결 과정에서 획득하는 지식의 종류에 관한 연구로 구별해볼 때, 모형-형성 문제 해결이 우리가 살펴보려는 학습 이론에 좀 더 가깝다고 볼 수 있다. 이 장에서는 모형-형성 문제 해결 연구와 개념 변화 연구를 과학교육에서 기본적인 관점인 (과학)지식의 본질, 학습과 학습자의 본질, 과학의 본질, 그리고 교수와 교수자의 본질에 대한 공통 논리와 각 연구의 대상인 정신 모형과 개념의 관계를 알아보고자 한다.

개념 변화 연구와 모형-형성 문제 해결 연구는 과학 학습에서 중요하게 다루는 기본적인 관점인 과학 지식의 본질, 학습과 학습자의 본질, 과학의 본질, 교수(teaching)의 본질에 대한 견해에 대하여 모두 구성주의 인식론을 토대로 해석해낸다. 이들 네 가지 관점은 서로의 견해를 이루는 토대로서 작용한다(Lemberger & Park, 1994).

과학 지식의 본질

개념 변화 연구와 모형-형성 문제 해결 연구는 모두 학습에서 개념적 지식과 절차적 지식의 중요성을 인정한다.

모형-형성 문제 해결과 개념 변화 연구 전통은 공통으로 절차적 지식(procedural knowledge)과 개념적 지식(conceptual knowledge)을 다룬다. 개념 변화 연구에서는 지식의 구성 요소로 개념을 제시하고 개념 간의 연관성을 주장하면서 개념적 지식을 강조하였다. 문제 해결 연구에서는 지식이 문제와 문제 해결에 강하게 연관되어 있음을 주장하면서 절차적 지식을 강조해왔다. 하지만 스튜어트와 하프너는 학생들이 개념의 이해가 없는 상태에서도 문제를 해결하는 데 성공하였다는 연구 결과를 통해, 문제 해결 과정에서 개념적 지식의 이해와 활용이 중요하다는 점을 지적하였다(Stewart & Hafner, 1991). 또한 개념 변화 연구에서도 절차적 지식의 사용이 개념적 지식의 이해와 습득에 중요한 역할을 할 것이라는 점을 고려한다(Lemberger, 1995). 따라서 두 연구 전통은 절차적 지식과 개념적 지식의 중요성을 인정한다.

학습과 학습자의 본질

개념 변화 연구와 모형-형성 문제 해결 연구는 학습과 학습자에 대하여 많은 견해를 공유한다.

두 이론은 오스벨의 유의미 학습을 기초로 학습에서 학습자의 사전 지식을 중요하게 여긴다. 그리고 학습자가 변칙 사례를 설명하기 위해서 특정 조건하에서 정신적 구인(mental construct)을 변화 또는 수정해 가는 과정을 학습이라고 규정하는 데 두 이론 모두 동의한다. 그러나 문제 해결 연구는 변화의 본성(대상, 상태, 과정의 변화)을 중요하게 다루는 반면, 개념 변화 연구는 변화가 일어나는 조건(지위의 변화)과 그 조건이 일어나는 맥락(생태의 작용)을 중요하게 다루는 데 차이가 있다.

개념 변화 연구에서, 학습의 단위는 개념이고 과학 학습은 자연 세계에 대한 학습자 개념의 변화로 정의된다. 개념이 학습자에게 제시될 때의 지위는 개념 변화에 필요한 조건을 나타낸다. 개념의 갈등 상황에서 개념의 지위를 결정하는 조건에 따라 개념 변화가 일어나기도 하고, 기존의 개념이 유지되기도 한다. 또한 전통적인 개념 변화 연구에서 학습은 개인적으로 이루어지는 것이 아님을 강조한다. 학습자의 의미 구성 과정은 사회적 상호작용과 합의의 맥락에서 이루어진다(Hewson et al., 1999). 개인이 구성한 개념은 지식이 사용되는 사회적 배경의 맥락에서 유용할 것이다. 따라서 지위를 구성하는 요소(이해 가능성, 믿을 만함, 유용성)는 의미구성의 공동체 안에서 학습자에게 유용한 정도로 사회적 상황을 반영한다. 다시 말해, 학습자는 공동체에 속한 다른 구성원의 개념 지위에 대한 관점을 고려하는 의미구성자다. 학습자는 현재 자신의 지식으로 환경을 해석하여 지식을 자신의 것으로 구성해나간다는 의미에서 능동적인 존재다. 학습자는 물리적 환경과 개념의 상호작용을 토대로 개념을 발달시키며, 경험적 관찰, 개념, 설명 유형 등을 통하여 자신의 개념을 구성한다(Hewson & Hewson, 1988). 학습자는 선개념을 갖고 탐구하면서 개념을 획득하거나 변칙 사례에 대한 개념 교환으로 지식을 형성한다(Hewson, 1981; Hewson & Hewson, 1988; Posner et al., 1982).

모형-형성 문제 해결 연구에서는 학습을 개념이나 문제 해결 전략 또는 그 둘 다에서의 변화로 본다(Stewart, 1988). 또 다른 종류의 학습으로 과학의 본성에 대한 학생 개념의 변화를 포함시킨다(Stewart, 1988). 문제에서 개념적 지식은 해결의 기초가 되며, 개념적 지식뿐만 아니라 문제 해결 절차에 대한 지식을 적용하여 해결에 도달해야 한다(Stewart & Dale, 1981). 개념적 · 절차적 지식은 가능한 해결을 구성하고 검증하는 데 필요하다. 따라서 문제를 해결하는 능력을 통해 학습이 수행되었음을 확인할 수 있다(Stewart & Van Kirk, 1990).

스튜어트와 하프너는 과학교육에서 문제 해결 연구가 대부분 모형-사용(model-using) 문제 해결에 치우쳐 있었음을 비판하고, 모형-정교화(model-elaboration)와 모형-수정(model-revising) 문제 해결의 새로운 범주를 제안하였다(Stewart & Hafner, 1991). 모형-사용 문제 해결이 학습을 이론의 검증에 국한하는 반면, 모형-정교화 또는 모형-수정 문제 해결은 개념적 지식의 깊이와 이론에 대한 발견의 맥락을 중시하고, 이와 연관된 탐구 단계를 포함한다. 모형-사용 문제 해결은 전문가와 초심자의 문제 해결 수행에 대한 서술적인 연구를 양산했으나, 문제 해결에서 야기되는 해결자의 지식 변화에 관심을 기울이지 못하였다.

반면, 모형-정교화 과정은 자료가 학습자의 정신 모형과 일치하지 않는 문제를 접했을 때 추론과 새로운 통찰력이 발휘될 수 있다는 점에서 학습이 일어남을 확인하게 한다. 또한 모형-수정 과정은 학습자가 자신의 모형과 일치하지 않는 변칙 사례를 설명하기 위해 기존의 모형에 존재하지 않는 대상 또는 과정을 고안하거나 대상의 새로운 상태를 가정해야 한다는 점에서 학습이 이루어짐을 뜻한다.

모형-형성 문제 해결 연구는 사고할 능력이 있으며, 기회가 있으면 문제를 해결할 수 있는 개인을 학습자로 본다(Jungck, 1985). 과학 학습에서 학습자는 과학 실험실로 비유되는 수업 환경에서 주어진 문제를 스스로 해결하는 과학자로 간주된다(Peterson & Jungck, 1988). 이때 학생의 능동적인 역할은 수업 활동에서 의미구성에 필수적이다. 학습자의 역할은 정보를 축적하는 것이 아니라 활성화하는 것으로, 활성화는 지식의 사회적 구성의 일부다(Jungck, 1985). 개인의 추론에 대해 동료가 도전하는 것은 활성화 과정(fermenting process)의 일부며, 그러한 상호작용에서 끌어낸 결론은 학습의 아주 중요한 부분이다. 결국, 이런 과정을 통해 학습자는 흥미를 느끼는 자료에 재개념화를 촉진하며 인지 갈등과 더 많은 정보를 조사하게 된다(Jungck, 1985).

개념 변화 연구와 모형-형성 문제 해결 연구는 학습과 학습자에 관한 서술에서 많은 견해를 공유하고 있다는 것을 알 수 있다. 기본적으로 변칙 사례나 문제 해결을 인식하는 데 있어 학습자의 사전 지식을 중요하게 여기며, 사전 지식은 학습자의 정신에서 환경에 대한 관찰의 기대를 창출한다고 믿는다. 그 기대가 충족되지 않을 때 그 관찰은 변칙 사례가 되고, 과학적 맥락에서 이런 변칙 사례는 문제가 된다. 두 전통 모두 학습자는 변칙 사례를 설명하기 위하여 특정 조건의 환경에서 정신적 구인을 변화시키거나 수정해야 한다. 이런 변화나 수정이 학습이며, 학습 과정에서 학습자는 능동적이라는 점에 동의한다. 즉, 개념 변화 연구와 모형-형성 문제 해결 연구는 학습자가 진공 상태에서 학습하지 않으며 사회적 공동체 안에서 지식 구성의 타당성을 전제로 한다는 점에서 일치한다. 모형-형성 문제 해결 연구는 정신 모형의 대상, 상태, 과정에서의 변화를 구체화하며 문제 해결 과정에 초점을 두지만, 개념 변화 연구는 변화가 일어나는 개념 지위의 조건을 강조한다는 점에서 차이가 있다.

하지만, 두 연구는 모두 학습에서 초인지의 중요성을 강조하며, 과학의 인식론과 방법론에 대한 숙고가 필요하다는 점을 인정한다. 이런 점에서 두 전통은 상보적이라고 할 수 있다.

과학의 본질

과학의 본성에 관한 문제는 최근 과학교육에서 큰 논제가 되어왔다.

교사나 학습자가 과학에 대해서 어떻게 생각하는지가 실제 수업에 큰 영향을 줄 수 있기 때문이다. 구성주의에 따르면, 현실세계는 학습자의 외부에 존재하는 것으로 가정하고, 학습자는 이미 존재하는 생각(ideas), 개념(conception), 이론(theory)을 토대로 현실세계에 대한 자신의 감각 인상을 해석한다(Driver & Oldham, 1986). 따라서 과학은 발견의 과정이 아니라 주의 깊게 이루어지는 구성의 과정이다.

드라이버 등은 단일한 과학의 본성은 없으며, 몇 가지 핵심적인 확신 근거가 있을 뿐이라는 주장을 한다(Driver et al., 1994). 그들의 견해에 따르면 과학 자체는 자연에서 상징적이고 사회적으로 협의되는 것이다. 세계를 서술하고 모형화하기 위해 과학이 제공한 이론은 발견되는 것이 아니라, 사회적으로 구성된다. 이 견해는 개념 변화와 모형-형성 문제 해결 연구 전통에 영향을 주었다. 휴슨과 휴슨은 과학이 개념 변화의 연속 과정으로 가장 잘 보인다고 저술한다(Hewson & Hewson, 1988). 포스너 등은 과학이 패러다임을 사용하여 문제를 정의하고, 문제를 다루는 전략을 지시하고, 무엇을 해결해야 하는지를 결정한다고 제안한다(Posner et al., 1982).

이러한 과학관은 쿤과 라카토스의 생각에서 유래한다. 과학 공동체에서 연구자들이 제기해야 할 문제의 종류와 실험 결과를 해석하는 방법에 대하여 알려주는 확신 근거와 가정을 유도하는 틀은 쿤에게는 정상과학의 패러다임과 라카토스에게는 연구 프로그램의 견고한 핵에 해당된다. 변칙 사례의 축적은 패러다임의 전환과 연구 프로그램의 전진 또는 퇴행으로 이어진다. 개념 변화 연구 전통에서 패러다임과 연구 프로그램은 개념의 내적 일관성과 일반화를 이루는 학습자의 인식론적 확신 근거에 해당된다.

모형-형성 문제 해결 연구 전통에서는 과학을 근본적으로 문제 해결 활동으로 간주한다(Laudan, 1977; Stewart & Hafner, 1991). 과학은 최종 완성물이기보다는 만들어지고 있는 과정으로 존재한다. 과학을 행하는 과정은 지적 활동으로 간주되며(Stewart et al., 1990), 공동체 내에서 개념을 창출하고 공유된 의미를 발전시키는 것이다. 따라서 학생들은 설명력과 예언력 있는 모형을 세우고 수정하기 위해서 연구 공동체 내에서 탐구한다. 이 관점에서 과학 학습은 모형 수정 과정을 통하여 협동적으로 과학 지식을 얻는 과정이다(Hafner & Stewart, 1995; Stewart & Hafner, 1991). 이 과정은 논리적으로 옳은 개념적 지식, 상상, 판단을 요구하지만 여전히 불확실성을 안고 이루어지는 것이다(Stewart, 1988).

모형-형성 문제 해결 연구가 과학을 문제 해결 활동으로 보는 반면에, 개념 변화 연구 전통은 과학에 대하여 더 넓은 관점을 취하였다. 특히, 개념 변화 연구에서 변칙 사례는 학습자가 현재 개념에 불만족하게 되는 원인이 되기 때문에 중요한 부분이다. 변칙 사례는 문제를 포함하기 때문에 문제 해결은 또한 개념 변화 연구에서 중요하게 다루어야 한다.

앞서 언급했듯이 두 연구 전통에 부분적인 차이는 있으나 기본적으로 두 전통 모두 과학이 사회적 활동이라는 것에 동의한다. 과학은 아이디어를 검증하는 과정이고 아이디어를 세계에 가장 잘 배치하도록 협의에 이르는 과정이다. 따라서 과학 활동의 본질은 이해(understanding)이고, 현재의 개념과 새로운 관찰을 비교하는 과정에서 그 이해는 항상 변화한다.

교수(teaching)의 본질

교수의 본질은 학습과 학습자의 본성, 과학 지식의 본성, 과학의 본성에 대한 견해와 밀접한 관계가 있다. 교수에 대하여 두 전통은 모두 학습자 중심으로 학습자의 개념을 파악하고 그에 대해 적절한 처치를 하는 것을 기본으로 한다. 개념 변화 학습은 개념 변화 교수를 강조하면서, 학습자 개념의 유도 전략, 학습자의 정신에 개념 지위를 결정하도록 도울 수 있는 교수 전략, 학습자의 사전 지식을 출발점으로 하는 새 지식 형성 전략을 제안한다. 이때 교사는 학생이 능동적으로 의미를 구성할 수 있는 환경을 제공하고, 자신감 있게 자신의 개념 변화를 드러낼 수 있도록 분위기를 조성해야 한다. 학습자는 수업 중에 교사와 학습자, 학습자 간의 의미 있는 의사 교환과 협의(negotiation)의 과정에 적극 참여해야 한다. 문제 해결 연구는 과학교수의 본질을 문제해결 과정(3Ps: problem posing, problem solving, and problem persuasion)에 밀접하게 연관되어 있다고 본다. 따라서 교사는 과제의 영역을 제안하고, 학습자 사고를 비평하며, 동료와 학습 내용을 교환하기 위해 협의의 기회를 제공하는 등 학습자의 초인지를 촉발하는 역할을 한다.

이와 같이 개념 변화 연구와 모형-형성 문제 해결 연구는 학습과 학습자의 본질, 과학지식의 본질, 과학의 본질, 교수의 본질에 대하여 많은 합의점에 이르고 있음을 알 수 있다. 따라서 두 이론의 통합적 관점은 학습자의 이해와 교수 · 학습 전략에 더욱 효과적일 것이다.

9장

개념 변화와 모형 기반 추론은 어떻게 연관되는가?

개념 변화 연구와 문제 해결 연구는 각각 학습의 단위로서 개념과 정신 모형을 다루지만, 개념과 정신 모형은 모두 정신의 다차원적 속성을 갖는다는 점에서 공통점이 있다. 정신 모형과 개념은 사고의 대상인 동시에 수단으로서 기능적 역할을 한다(Kuhn, 1970; Vosniadou, 1994)는 점에서도 공통점이 있다. 또한, 정신 모형과 개념은 개인적 특징을 가지며, 과학자 사회에서 규정된 합의 모형(model)과 개념(concept)과는 구별된다. 따라서 과학교육은 학습자가 자신의 정신 모형 또는 개념을 과학적으로 합의된 모형 또는 과학적 개념과 일치하게 구성할 수 있도록 돕는 데 그 목표가 있다고 할 수 있다.

과학 학습에서 개념과 정신 모형

개념과 정신 모형은 개인의 내적 표현이며, 행위, 말, 글, 그림 또는 원형을 통하여 외적으로 표현될 수 있다(Franco et al., 1999). 하지만, 정신 모형과 개념은 각기 다른 연구 전통에서 발전되어온 것이기 때문에 차이점을 비교하는 중립적인 잣대를 찾기 어렵다. 따라서 각 문헌을 토대로 정신 모형과 개념의 범위와 속성을 파악하여 서로의 교차점을 찾는 것이 바람직하다.

개념 변화 연구 전통은 개념적 지식을 개념이라고 부른다. 개념은 환경에 대한 학습자의 정신적 구인이며, 개념 생태에서 다른 개념과 구인과의 연관이다. 이러한 점에서 학습자의 환경은 한 개념이 무엇인가를 정의하는 데 중요한 역할을 한다. 학습자가 거대하고 복잡한 환경의 일부 측면에 대해 의미를 구성하려고 한다면, 개념은 거대하고 복잡하게 될 것이다. 반대로 학습자가 비교적 단순한 것에 대하여 정신적 구인을 세우려 한다면, 개념은 비교적 단순해질 것이다. 더욱이, 학습자는 환경의 추상적인 요소이거나 구체적인 요소 둘 중의 하나에 대한 개념을 유지하려 할지도 모른다. '힘', '의자', '원자', '진화'는 모두 개념이다. 각 개념은 저절로 다른 개념을 나타내는 요소를 포함한다. 예를 들어 '원자'는 '양성자', '중성자', '전자'로 구성되어 있고, 각 하위 개념을 포함한다.

모형-형성 문제 해결 연구 전통은 개념을 포함한 지식 체계로서 정신 모형을 제시한다. 정신 모형은 학습자의 환경(대상)의 어떤 측면에 대한 정신적 구인이라는 점에서 개념과 유사하다. 이 '대상물'은 추상적이거나 구체적(이론적이거나 경험적)이다. 정신 모형은 다른 모형으로 분해될 수 있다. '유전자' 모형은 '대립 유전자' 모형을 포함할 수 있다. 또한 모형들 사이의 연관은 모형의 배열을 결정하는 데 중요하다. 예를 들어 한 학습자의 감수분열 모형은 유전 형질에 대한 모형 배열에 또한 중요하다.

과학 학습에서 모형을 중요하게 다루어야 하는 이유는 크게 네 가지로 나눌 수 있다. 첫째, 과학교육에서 모형은 애매하고 광범위하게 사용되는데, 그 이유는 모형에 포함된 기본 가정이 불확실하기 때문이다. 둘째, 모형은 이론보다 더 지각적으로 접근함으로써, 과학적 탐구를 연결하는 데 중요한 역할을 한다. 셋째, 과학교육에서 학습의 인지 · 심리적 표현은 개인이 사회적 집단의 상황에서 모형을 형성하고 개발한다는 것을 기초로 한다. 넷째, 모형은 일상 수업에서 중요한 역할을 한다(Gilbert & Boulter, 1998).

과학 수업이나 교과서에서는 과거에 과학자들이 만들어놓은 모형 중에서 가장 중요한 합의 모형을 제시한다. 모형은 원자 모형처럼 시각화된 자료로 제공하는 경우도 있지만, 모형의 개념을 표현한 단어로 제시되기도 한다. 따라서 학습자들은 자신의 현재 개념에 적응할 수 있고, 조화를 이룰 수 있는 모형을 형성하며 이것은 교사가 언급한 목적에 적합하지 않을 수 있다. 이렇게 학습자의 개별적이고 다양한 형태를 취하는 모형을 정신 모형이라고 한다.

정신 모형은 이론적 속성에서 출현하여 명시적이거나 암시적인 추론에 의미를 부여한다(Johnson-Laird, 1983). 또한 정신 모형은 물체, 일의 상태, 사건의 연속, 세계가 존재하는 방식, 일상의 사회적이고 심리적 행동을 표현할 때 중심적이고 통합적인 역할을 한다(Johnson-Laird, 1983). 이처럼 정신 모형은 여러 가지 목적에 기여하기 때문에 그 내용과 형태가 다양하다. 정신 모형은 설명하기 위한 것이든, 예상하기 위한 것이든, 아니면 통제하기 위한 것이든 간에 그 목적에 맞게 형성되고 성공적으로 기능할 때 그 정당성이 확보된다.

학습자는 개념 또는 정신 모형을 사용하여 환경을 해석, 설명, 예상한다. 또한 학습자의 개념이나 정신 모형은 구인을 수정하거나 완전히 새로운 구인으로 향하는 새 출발점의 역할을 할 수 있다. 개념과 정신 모형 간에 구조적 차이가 있다고 하더라도, 기능적으로 그 둘은 학습자에게 비슷한 목적을 제공한다. 개념이나 정신 모형이 세계와 조화를 이루면 안정적으로 작용하며 일관성 있게 표현된다. 개념이나 정신 모형이 변칙 사례에서 잘 맞지 않게 되면, 변화가 일어날 수 있다.

프랑코와 콜린벡스는 정신 모형에 대한 연구결과가 정신 모형의 다양한 특징을 나열하지만, 일정 부분 중첩되는 경우가 많다고 비판하면서, 정신 모형의 주요 특징을 네 가지로 제시하였다(Franco & Colinvaux, 2000).

- 정신 모형은 생성력이 있다. 즉 모형 기반 추론을 함으로써 사람들은 예측과 새로운 아이디어를 생성한다.
- 정신 모형은 암묵지(tacit knowledge)를 포함한다. 즉 사람들은 자신의 정신 모형을 구성하는 모든 특징을 알아채지 못한다.
- 정신 모형은 합성적이다. 효율적이려면, 정신 모형은 우선 동기화된 체계나 사건을 단순화한 표상으로 구성한다.
- 정신 모형은 세계관에 의하여 제약을 받는데, 세계관은 사람들이 가진 일반적 신념 체계에 의존하면서 구성되는 정신 모형의 범주를 제한한다.

다양한 정신 모형에 대한 논의에 따르면, 정신 모형은 기술적으로 정확해야 하는 것은 아니며, 기능적이고, 다양한 의미가 있는 형태로 존재한다. 해리슨과 트레거스트는 대부분의 과학 학습에 적용할 수 있는 혼합적인 정의를 구성하는 모형의 일곱 가지 범주로서 규모 모형(scale model), 비유적 모형(analogical model), 수학적 모형(mathematical model), 화학식과 화학 반응식(chemical formula and chemical equation), 이론적 모형(theoretical model), 하나의 모형 또는 기준(a model or standard), 지도와 다이아그램(map and diagram)을 제시하였다(Harrison & Treagust, 1996). 그중에서 현대 과학 교재에 흔히 등장하는 모형 형태는 비유적 모형이다. 연구자들은 중 · 고등학교 학생들을 대상으로 모형화 능력과 원자, 분자의 정신 모형을 조사하여 대안 개념의 근원을 파악하고 그에 따른 화학 수업을 제안하였다.

보스니아도의 연구(Vosniadou, 1994)는 개념 변화 모형의 개념 생태를 이론적 틀로 하진 않았지만, 정신 모형을 사용하여 개념 변화를 시도한 경우에 해당된다. 이 문헌에서 저자는 개념 변화를 설명하고 모형화하기 위한 목적을 갖고, 정신 모형을 아날로그적 표현으로 정의하여 사용하였다. 이때 정신 모형은 학습자가 인지적 기능을 하는 도중에 생성해내는 무언가를 의미하며, 표현하려는 것의 구조를 유지한다는 특성이 있다. 정신 모형은 물리적 현상에 대한 인과적 설명을 제공하고 현실세계의 사태를 예상하기 위해 정신적으로 다루어지는 역동적이고 생성적인 표현이다. 대부분의 정신 모형은 특정한 문제를 해결해야 하는 상황에서 창출된다고 가정된다. 그러나 일부 정신 모형은 개별적인 구조로 저장되기도 하고, 필요하면 장기 기억에서 재생되기도 한다.

보스니아도는 개인이 생성하기도 하고 인지 기능 도중에 재생되기도 하는 정신 모형은 새 정보를 기존의 지식 기반에 통합하는 시점에서 존재한다고 주장한다. 이와 같이, 정신 모형은 지식 획득 과정에 작용하는데 그 과정은 신념과 가정이 작용하는 것과 유사하다. 아울러, 정신 모형은 기반이 되는 지식 구조에 대한 중요한 정보를 제공한다. 예를 들어, "철수가 망치를 떨어뜨렸다"와 같은 문장에서 나타나는 망치의 위치에 대한 정신 모형은 중력의 성질에 대한 가정과 연관된 기본 구조에 영향을 받는다. 다만 단일하고 특정한 정신 모형은 기본 개념 구조에 관해서 결정되지 않을 수도 있다. 반면에 개인이 주어진 개념과 연관된 다양한 질문에 답하기 위해 사용하는 생성적 정신 모형을 이해하는 것은 지식 획득 과정을 제한하는 틀 이론(framework theory)과 특정 이론(specific theory)에 관한 중요한 정보를 제공할 수 있다. 보스니아도는 지구의 모양과 낮과 밤의 순환, 힘 개념, 열 개념에 대한 아동들의 정신 모형을 존재론적 가정과 인식론적 가정을 포함하는 틀 이론과 특정 이론, 그리고 신념이라는 개념 구조에서 해석하였다(그림 6-5, 그림 6-6).

보스니아도가 정신 모형을 중심으로 개념을 연관시켜 개념 변화를 설명했듯이 정신 모형과 개념은 서로 배타적인 관계가 아니다. 반대로, 상호작용적 관계로서 서로를 존재하게 해주고 구성해준다. 마찬가지로, 과학을 역동적인 실행 과정으로 볼 때, 개념만으로 과학적 실행을 이야기하는 데는 한계가 있다. 물론 개념들은 사례, 이미지 등과 연관되어 설명력을 가지며 개념 체계 내의 다양한 요소와 상호작용을 통해 변화 과정을 겪는다. 그럼에도, 개념 변화 이론으로 과학적 실행을 조명하기에는 빈약한 면이 있다. 전통적인 개념 변화 이론에서 개념 변화는 하나의 지위에서 다른 지위로 변화해가는 것으로 이해되어 하나의 수준에서 다른 수준으로 변화해가는 다소 선형적인 속성을 암시한다. 반면에 모형은 다중 표상들이 문제 해결 상황에서 자발적으로 작동되는 임시적이고 동적인 속성을 가진다. 따라서 과학의 실질적 실행을 조명하기 위해서는 개념을 포함한 모형, 그리고 개념과 상호작용하는 모형의 구동을 이해할 필요가 있다.

개념을 언급하지 않고 학습을 정신 모형의 사용, 정교화, 수정으로 본 연구가 있다. 대부분 전문가는 기억 내의 정보가 조직된 단위에 축적되어 있다는 데 동의한다. 하프너와 스튜어트는 유전학 영역의 문제를 해결하는 데 있어 활성화되는 지식 구조를 가리키는 것으로 정신 모형을 사용하였다(Hafner & Stewart, 1995). 정신 모형은 인과적이어서 기능적으로 정의되는데, 정신 모형은 문제해결자로 하여금 기술, 설명, 예측에 참여하도록 허용하는 의미에서 그러하다. 정신 모형은 또한 대상, 대상이 존재하는 상태, 그리고 대상의 상태 변화에 책무가 있는 과정을 구성하는 것으로서 구조적 의미에서 정의될 수 있다. 예를 들어, 유전 모형들은 다음을 포함할 수 있다. 경험적 그리고/또는 이론적 대상(염색체, 유전자, 대립유전자, 속성), 그 대상이 존재할 수 있는 상태(이합접합, 이배체, 연관), 대상에 작동하는 과정 혹은 대상이 참여하는 과정(감수분열, 수정).

이 연구에서는 문제 해결에 있어 모형-사용(model-using)뿐 아니라, 모형-정교화(model-elaboration)와 모형-수정(model-revision)의 범주를 제안하였다. 모형-사용이 학습을 이론의 검증에 국한한다고 한다면, 모형-정교화 또는 모형-수정은 발견의 맥락을 중시하고, 이와 연관된 탐구 단계를 포함한다. 따라서 과학에서 문제를 해결하기 위한 추론은 해결을 얻기 위해 모형을 이용하는 차원을 넘어선다. 과학자들의 사례를 보면, 기존의 설명 모형 요소를 확장하거나 도전하는 목표를 가지고 문제를 해결한다. 이와 유사하게, 과학 수업에서 문제 해결은 전통적으로 답이 되는 것으로 고려되었던 것을 획득하기보다는 다른 추론을 위해 수행할 수 있다. 즉 문제 해결은 모형 구성과 발달의 목적을 위해 수행될 수 있으며, 그런 문제 해결은 학생들에게 발견의 맥락 내에서 새 자료를 일치시키기 위해 기존 모형을 수정하기 위한 연구를 요구할 수 있다.

모형을 수정할 필요성은 해결자가 전에 기술하고 설명하고 예측하는 데 활성화했던 모형이 경험 세계와 완전히 일치하지 않는다고 인식할 때 발생한다. 사람들은 모형을 사용하여 세계가 어떻게 작동하여 어떤 관찰을 하게 될지에 초점을 두기 때문에, 모형은 변칙 사례를 인식하도록 허용한다(Darden, 1991; Kuhn, 1970; Winsatt, 1987). 이 인식은 해결자로 하여금 대상 혹은 과정—사전 모형에 존재하지 않거나 "옛" 대상에 대한 새로운 상태를 차지하는—을 창출하게 할 것이다. 예를 들어 멘델의 유전에서 완전 우성 모형은 하나의 특징인 눈의 색에 두 개의 변이인 붉은색과 흰색이 있을 것이라고 예측하도록 문제 해결자를 이끈다. 그래서 해결자는 세 개 이상의 변이를 완전 우성 모형과 일치하지 않는 것으로 인식한다. 이 인식으로 해서 해결자는 변칙 자료를 설명하기 위해 기존 모형을 수정해야 하는 상황에 처한다.

쿤 등은 모형 수정 문제 해결에 있어 모형과 자료의 관계에 관해 썼다(Kuhn et al., 1988). 그들은 모형과 자료의 숙련된 조정이 다음과 같은 능력으로부터 구성된다고 특징지었다. 첫째, 모형을 가지고 사고하기보다는 모형에 관해 사고하는 능력이다. 둘째, 평가 대상인 증거를 모형의 표상과 구별되는 속성으로서 부호화하고 표상하는 능력이다. 셋째, 증거 자체가 모형에 대해 무엇을 의미하는지를 평가하기 위해 모형의 수용/거부를 일시적으로 제쳐놓을 수 있는 능력으로 보았다.

이와 유사하게, 수학문제 해결 연구자 레쉬 등은 모형-사용 그리고 모형-수정 문제 해결을 모형, 자료, 그들의 관계라는 점에서 구분했다(Lesh et al., 1983). 그들은 이전에는 모형-사용 문제 해결을 위해 정의되었듯이 정보의 변환이 모형 내에 제한된다는 의미에서 모형을 닫혀 있는 것으로 보았다. 그 은유에 따라 모형-사용 문제해결자는 모형의 한계 내에서 자료를 처리하는 것으로 규정되었다. 레쉬와 동료 연구자들에 따르면, 모형을 새로운 상황에 일치시키기 위해 수정하고 적합화하는 모형화 과정과 전략은 모형-수정 문제 해결을 수용하기 위해 이 특징에 추가되어야 한다. 여기서 학생은 정보 처리자이자 동시에 모형을 만드는 사람이고, 문제 해결은 단지 모형을 가지고 사고하고 산출된 자료와의 연관성에 대해서만 사고하기보다는 그가 지니는 모형에 대해 명시적으로 사고하고 수정하는 것을 수반한다.

보스니아도와 스튜어트의 연구에서 보듯이, 전자는 정신 모형으로 개념 변화를 설명하고, 후자는 정신 모형의 발달을 학습으로 설명한다. 전자는 정신 모형과 개념의 관계에 대한 설명이 없고, 후자는 개념 자체에 대한 언급이 없다. 단지, 개념적 지식이라는 말을 사용할 뿐이다. 이 두 연구의 공통점은 정신 모형의 설명적 모형(이론적 모형)을 다루기 때문에 다중 표상들이 결합된 것으로 본다.

과학 실행에서 개념과 모형의 작용

여기서는 과학 학습에서 모형을 어떻게 바라보고 사용할 것인가에 대한 통찰력을 얻기 위해 과학의 실행 과정에서 개념과 모형이 어떻게 작용하는지를 살펴보고자 한다. 먼저 과학적 추론이 어떻게 이루어지며, 다음으로 과학 실행 공동체 내에서 모형 기반 추론과 개념 변화가 어떻게 이루어지는지를 살펴보겠다.

먼저 과학적 추론은 어떻게 이루어지는가? 과학을 결과로서의 지식을 다루는 것을 넘어서 지식을 생성하는 과정으로 다룬다면, 과학은 세계가 어떻게 작동하는가에 대한 이론을 창출하기 위한 실행 과정이다. 이와 연관하여, 기어리 등은 과학 이론은 모형군(family of model)과 이론적 가설들로 구성된다고 보았다(기어리 등, 2010). 모형군은 스케일 모형(scale model)과 이론적 모형을 모두 포함하며, 이론적 가설은 현실세계의 특정 현상과 모형을 연결짓는 가설을 말한다. 예를 들어, 18세기 이전 열 현상에 대한 이론은 열소 등의 모형과 따뜻한 물과 차가운 물을 섞었을 때 따뜻한 물의 열소가 차가운 물로 이동한다는 이론적 가설을 포함한다. 이론은 모형과 가설을 포함하며, 모형은 가설과 함께 이론을 구성하며, 가설은 모형과 현실세계를 연결짓는다.

[그림 9-1]은 기어리가 제시한 과학적 추론(scientific reasoning)의 모형이다(Giere, 1991). 과학적 탐구의 핵심이 되는 진정한 과학적 추론은 다른 학문과 달리, 과학의 유일하고 특수한 모습을 조명할 수 있을까? 이러한 질문을 염두에 두면서 [그림 9-1]을 살펴보자. 이 모형은 현실세계(real world), 자료(data), 설명(explanation: theory or model), 예측(prediction)의 관계를 잘 보여준다. 관찰과 측정을 통해 우리는 '현실세계'에 대한 자료를 수집한다(step 1. 관찰과 실험을 통하여 자료를 수집). 이와 더불어, 현실세계 행동에 대한 설명을 추측해 만든다(step 2. 추리, 추측, 논변). 이 설명으로부터 추론과 계산을 통하여 추측하고 있는 설명으로부터 구체적인 예측이 만들어지고(연역되고)(step 4. 계산 및 예측), 그 예측들은 자료와 비교된다(step 3).

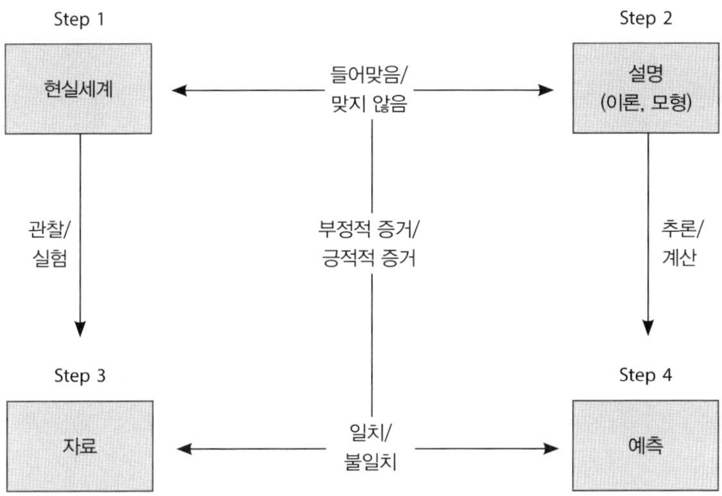

그림 9-1 과학적 추론의 모형
자료: Giere, 1991; Driver et al., 2000.

다음으로, 자료가 예측과 일치하거나 일치하지 않는 정도가 검증되어야 한다. 과학자 공동체는 이들 문제를 비판적으로 점검하고, 이론 및 모형의 수용 및 수정 여부를 결정하는 의사결정 단계로 검증이 이루어진다. 이 과정은 분명하지도 않고 간단하지도 않다. 하나의 이론이나 추측이 검증되기보다는, 두 개 이상의 이론이 경쟁하는 경우가 더 많기 때문이다.

다음으로 과학자가 하는 중요한 활동은 이 대안 설명들이 증거와 일치하는지 혹은 일치하지 않는지를 평가하여, 특정 자연 현상에 대해 가장 설득력 있는 설명을 제공하는 것이다. 예측과 자료가 맞아떨어지면, 현실세계와 설명의 조화에 대한 확신이 증가하게 된다. 반면에 예측과 자료가 맞아떨어지지 않으면 설명에 의심을 품게 되거나, 설명으로부터 연역된 특정 예측을 의심하거나, 혹은 자료의 타당성을 의심하게 된다.

이처럼 과학자들은 현실세계의 어떤 중요한 특징에 대응하도록 이론 및 모형을 구성한다. 이론 및 모형을 사용하여 어떤 환경에서 관찰할 수 있는 것을 예측하고, 그 예측을 지지하는 증거를 찾는다. 그리고 증거에 따라 이론 및 모형에 대한 확증의 정도가 결정된다. 물론 모형 구성과 테스트가 단순한 단계적 알고리즘은 아니다. 그것은 [그림 9-1]에서처럼 여러 상호작용, 중첩 및 되풀이되는 다음의 활동을 포함하는 단계들로 구성된다.

그렇다면 모형은 어디에 존재하는가? 정신 모형은 문제 해결 상황에서 활성화되는 다중 표상들이다. 정신 모형은 사례, 이미지, 개념, 규칙 등 다양한 표상이 문제를 해결하기 위해 연결되어 활성화된다. 이러한 정신 모형은 개인 내에 존재하며 개인 간 혹은 개인을 둘러싼 상황에 존재한다. 개인 내에 존재하는 정신 모형은 일종의 표상 형식으로 이루어져 있고, 언어나 비언어적으로 표현되지 않은 상태다. 개인 내의 정신 모형은 특정 상황에서 개인 간 혹은 개인을 둘러싼 상황에서 표현될 수 있고, 반대로 개인 간 혹은 개인과 상황에 존재하는 정신 모형이 개인 내에 형성될 수 있다. 즉 이는 닭과 달걀의 관계로서, 그 우선을 따질 이유나 중요성은 없다. 중요한 것은 정신 모형을 개인 내, 그리고 개인과 개인(들), 개인과 상황 내에 분산되어 있는 것으로 보는 것이다.

다음으로, 과학적 실행에서 모형은 어떻게 작동하는가? 네르세시안은 과학을 획일적인 실행으로서가 아니라 영역 특이적 지식 산출 실행을 인지하고, 또 영역 일반 혹은 여러 영역에 걸친 실행도 존재한다고 전제하면서 모형 기반 추론을 강조한다(Nersessian, 2008). 그녀는 과학자가 어떻게 연구하는가를 검토하면서 모형 기반 추론 실행(model-based reasoning practices)을 제시한다. 모형 기반 추론은 모형 구성과 조작, 그리고 모형을 통해 추론을 만드는 것을 의미한다. 모형은 하나의 추상, 즉 본질적으로 이상화되고 도식적인데, 그 추상은 대응하는 사물들과 성질들, 그리고 그 대응물과의 관계, 행동, 기능 등을 가짐으로써 물리적 상황을 표상한다. 과학적 실행은 본질적으로 문제해결 활동이며, 실험과 연구에서 가능한 종류의 모형을 창출하고 사용한다. 하나의 모형은 다양한 종류의 표상들과 함께 상호작용하는 시스템의 부분들이다. 이 모형은 공동체 내에서 연구 결과를 의사소통하는 데 사용되기도 한다.

모형 구성 과정은 문제 해결 상황에 연관된 다양한 종류의 자원들로부터 정보를 추출하고 통합하는 것이다. 이 과정에서 새로운 조합들이 문제 해결에 어떤 역할을 할 수 있다. 과학의 수행에서 모형을 실질적으로 작동시키기 위해 인지적 인공물들, 특히 과학기술의 산물들을 구성하는데, 이들은 분산 인지 체계의 표상적 과정과 추론 과정에 참여하게 된다. 이는 창의적 · 과학적 이해가 산출되는 인지적 · 문화적 짜임에 중심이 되며, 문제 해결의 새로운 과정을 인도한다. 즉, 모형 기반 추론은 새로운 개념들, 모형들, 인공물들의 간학문적 결합의 문제 해결 공간에 있게 된다. 모형은 문제 상황에 따라 어포던스(affordance)[4]와 구속사항(constraint)들을 갖는다. 모형은 문제 상황이 갖는 구속사항들에 의해 편집되고, 그 모형을 시범실험하게 되면 다시

4 생태심리학자인 깁슨은 생태계에서 동물에게 좋든 나쁘든 제공되는 것으로서 환경의 어포던스를 설명하였다(Gibson, 1979). 생태계에서 표현된 것처럼, 환경은 학습자가 지각할 수 있는 정보, 즉 환경이 제공하는 특성인 어포던스로 가득차 있다. 학습은 학습자와 환경의 상보성으로 이루어진다.

새로운 구속사항들을 가져오거나 혹은 사전에 인식하지 못했던 구속사항들을 재인식하게 될 수도 있다. 구속사항들은 인과적 정합성과 일관성을 갖고 모형에 포함된다.

5부

과학 개념 변화 연구의 방향

10장

개념 변화의 대안 관점에서 개념의 통합 이론이란 무엇인가?

우리는 앞에서 개념에 대한 다양한 개념, 그리고 개념 변화 연구들이 수행해온 다양한 결과와 교육적 의미를 살펴보았다. 개념이란 무엇인가를 알아보기 위해서 개념 그리고 개념 변화와 관련된 여러 아이디어와 주장을 탐색했다. 그러나 정작 개념이 무엇인가에 대한 직접적인 논의는 하지 못했다. 그만큼 개념을 정의한다는 것이 간단하지 않고 복합적이기 때문이다. 그럼에도 과학교육에 대한 이론적 중심을 잡기 위해서는 개념이 무엇인지에 대한 이론 작업이 필요하다. 이 장에서는 개념이란 무엇인가에 대한 새로운 대안 관점을 제시하고, 과학 개념이 문제 해결의 맥락에서 모형과 어떤 관련이 있는지, 그리고 과학의 추론 과정에서 어떻게 연관되는지를 살펴보고자 한다. 이를 통해, 과학의 과정을 전체 속에서 부분을 조명하고, 또한 부분을 전체적으로 파악함으로써 과학의 기획에 대한 통찰을 얻고자 한다.

과학적 개념이 무엇인가에 대한 이론은 과학 지식의 구조와 성장을 특징화하기 위해 필요하다. 개념이 정신적 표상이라는 것은 표준화된 생각이다. 2장에서 살펴보았듯이, 개념에 대한 여러 가지 해석이 존재한다. 가장 일반적으로, 개념은 사물의 범주를 의미하는 개별 단어에 상응하는 표상들이다. 이는 개념에 대한 전통적 해석이었던 추상적 속성(이데아)으로 파악하거나 감각 인상의 복사로 보는 관점이 반영된 것이다. 예를 들어, 차(car)라는 개념은 차 범주를 의미하는 단어 '차(car)'에 상응한다. 그러나 현재 인지과학에서는 개념의 본질에 대한 세 개의 주요 경쟁적 해석을 제공하는데, 원형(prototype), 표준 예세트(set of example), 혹은 설명이론의 부분(part of explanatory theory)이 그것들이다(Machery, 2009; Murphy, 2002; Thagard, 2005). 1970년대 이래 많은 철학자, 심리학자, 컴퓨터 과학자 들은 개념을 '원형들'로 보는 관점을 옹호했다. 이는 속성들을 정의하는 대신 전형적으로 구체화한 정신적 표상들이다. 그러나 개념을 '본보기(exemplar)'로 보는 관점에서는 개념이 원형들의 축적으로 이루어지는 것이 아니라고 비판하면서, 사례들의 집합으로 축적한다고 주장하였다.

이처럼 개념에 대한 여러 가지 해석은 해당 영역에서 각기 설명력이 부분적으로 존재한다. 즉, 개념은 수학적 개념에 있어서 필요충분조건을 갖기도 하고, 원형으로서 전형적인 대표 효과를 보여주기도 한다. 또한 개념은 핵심을 내포함으로써 안정성을 갖기도 한다. 그러나 이러한 개념에 대한 관점을 가지고 설명할 수 없는 사건들이 존재한다. 예를 들어 연회장에서 어떤 남자가 수영장으로 뛰어드는 것을 보았다면, 사람들은 그가 술에 취했다고 이야기할 것이다. 그를 취했다고 가정하면 그의 행동이 설명되기 때문이다. 이는 그의 행동이 술에 취함의 원형이어서가 아니라, 그를 취한 사람으로 범주화했기 때문에 수영장에 뛰어든 것으로 설명된다. 이처럼 개념들(술, 남자, 수영장 등의 의미)이 연결되어 설명을 구성하기 때문에, 개념은 필요충분조건이나 원형 혹은 핵심으로 보는 관점, 그 이상이 필요한 것이다.

개념을 '설명이론 부분'으로 주로 보는 관점은 심리학자들에 의해 논의되었는데, 이때 개념은 '지식(knowledge)'관이라 불리며, 때로는 '이론-이론(theory-theory)'이라고 불린다. '이론-이론' 관점은 인간이 기본적 혹은 순진한 이론을 가지고 자신의 신념, 욕구, 감정 등의 정신적 상태를 추론한다는 것을 의미한다. 과학자가 이론을 제안하고 수정해가듯이, 아동은 현실세계를 관찰하고, 자료를 얻고, 자료가 축적되면 그에 적합한 단순한 이론을 생성하고 수정하는 등의 이론 수정 과정을 거치면서 학습을 한다는 관점이다.

새거드의 주장에 따르면, 앞서 개념들의 다양한 해석은 개념에 대한 경쟁이론들이 아니라, 다양한 양상을 지적하는 것으로서 통합될 수 있다(Thagard, 2010). 예를 들어 힘 개념은 힘의 전형적 속성들의 표상들로서, 힘의 본보기 집합으로서, 또는 힘에 관한 설명을 제공하는 이론적 구조로서, 다양하게 구성될 수 있다. 새거드는 이들 해석 모두 지지하는 현상이 동일한 메커니즘, 즉 의미론적 지표들에 의해 설명될 수 있는 개념의 통합 이론의 필요성을 주장했다.

복잡한 구조로서의 개념

개념은 굉장히 많은 수로 연결된 지점에서 상호작용을 통하여 필요하다고 여길 때 출현한다. 예를 들어 말, 염소, 소를 구별해야 할 때, 갈기와 꼬리의 정보를 갖는 개념들이 활성화되면 그 특성을 갖는 말 개념이 활성화될 것이다. 즉, 갈기와 꼬리와 말 개념은 서로 네트워크에 연결되어 있다고 볼 수 있다. 이처럼 개념의 단위는 하나가 아니다. 한 개념의 의미는 관련 개념들의 의미가 상호 연결되어 망을 구성한다. 하나의 개념에 관한 정보는 수많은 단위로 분포되어 있기 때문이다. 하나의 개념은 부분 개념들로 활성화되고, 부분 개념들은 전체로 조직화되며, 이 과정이 충분히 반복된다. 따라서 개념(말)에 관해 수집된 정보(갈기, 꼬리)의 활성화가 적절하게 패턴화될 때 자동적으로 활성화될 수 있다.

개념이 어휘 조직으로 어떻게 구성되는지를 살펴보자. 예를 들어 고래의 개념에는 다음과 같은 하위 개념들, 즉 정보들이 포함된다.

고래

종: 고래류, 포유류, 바다생물류

하위종: 혹등고래, 흰긴수염고래, 범고래, 향유고래, 흰돌고래 등

부분(기관): 지느러미, 기름, 뼈, 꼬리, 바람구멍

이 외에도 고래의 개념에는 동의어, 반의어, 그리고 다양한 정보가 포함될 수 있다. 이처럼 복잡한 구조로서의 개념은 개략적으로, ~의 종류, ~의 하위 종류, ~의 부분, ~의 부분들, 유사어, 반의어, 규칙, 사례들이 연관되어 있다.

고래의 개념은 고래에 대해 추론하고 이야기할 때 규칙들이 연관되어 활성화된다.

R1: X가 고래라면, 그것은 헤엄친다.

R2: X가 고래라면, X가 물 위로 떠오른다면, X는 그 물 뿜는 구멍을 통해서 공기를 뿜어낸다.

여기서 규칙의 존재는 개념이 어떻게 연역, 설명, 그리고 문제 해결에서 사용될 수 있는가를 보여준다. 규칙은 또한 개념이 어떻게 이론과 밀접하게 관계를 맺는가를 보여준다. 고래의 경우, 공기를 뿜어낸다는 것은 공기로부터 산소를 마신다는 설명과 관계가 있기 때문이다. 이것은 물고기가 물에서 산소를 흡수하는 것과 다른 설명을 요구한다. 이러한 복잡한 구조로서의 개념은 일반화, 유비, 그리고 기타 형태의 추론으로 나타난다(Thagard, 1988).

과학적 지식은 개념으로 구성된 규칙을 사용해서 조직된다. 즉 이론을 구성하는 것은 규칙과 개념이 결합된 복합 구조를 가진다. 무언가를 설명해야 할 때, 개념은 규칙을 적용하여 문제를 해결할 수 있다. 예를 들어, 소리의 파동 이론을 살펴보기로 하자. 소리는 근원지로부터 퍼져나가고, 장벽을 만나면 방향을 바꾸고 메아리친다. 이 관찰 사실들은 간단한 규칙으로 표상될 수 있다.

x가 소리면, x는 전파된다.

x가 소리고, x가 장애물에 부딪히면, x는 반향한다.

관찰 사실들에 관한 간단한 규칙과 달리, 소리의 파동 이론은 규칙과 개념의 복합체다. 소리의 파동 이론은 관찰할 수 없는 음파에 대한 새로운 가정으로서, 음파 개념은 관찰로부터 나온 것이 아니다. 소리의 파동 이론을 구성하는 규칙과 개념을 살펴보자.

소리의 파동 이론

개념: 소리, 파동

이론적 개념: 소리-파동

규칙: x가 소리면, x가 파동이다.

x가 소리면, x는 소리-파동이다.

문제 해결: 소리가 전파되는 이유 설명

소리가 반향되는 이유 설명

관찰된 현상을 설명하는 일은 중요한 과학적 활동 중 하나다. 저쪽 멀리서 지르는 소리가 들리거나, 산에서 소리를 지르면 메아리가 되어 돌아오는 등의 관찰 현상은 과학에서 설명이 필요하기 때문이다. 설명은 이해를 구하거나 얻어내는 과정인데, 인식론적으로 어떤 현상을 이해하는 것은 이미 조직된 패턴이나 상황에 그 현상을 맞추는 일이다. 이해를 얻는 데 있어 주요 단계는 설명해야 하는 사건의 중심 양상과 일치하는 틀을 끄집어내는 절차적인 것으로서, 설명은 전형적인 사건들을 기술하는 구조를 적용함으로써 이루어진다.

소리가 왜 전파하고 반사하는가를 설명하는 과제는 소리인 임의의 x가 또한 전파하고 반사하는 속성을 지니고 있는 이유를 설명하는 문제로 변환된다. 소리와 파동 사이의 유비, 즉 귀추 메커니즘에 의해 파동 개념이 활성화되면, 소리가 파동이라는 이론적 가설이 생성된다. [그림 10-1]은 소리가 전파되고 반향되는 이유를 설명하기 위해 소리의 파동 이론을 구성하는 개념들이 연결된 구조를 도식화한 것이다. 소리가 반향하고 전파되는 이유를 설명하려는 시도는 소리가 파동이라는 규칙의 형성으로 나아간다. 여기에 개념 결합으로 형성된 새로운 이론적 개념인 소리-파동은 소리와 파동 개념들에 연관된다. 소리가 반향되고 전파되는 이유를 설명하려는 문제의 새로운 해결은

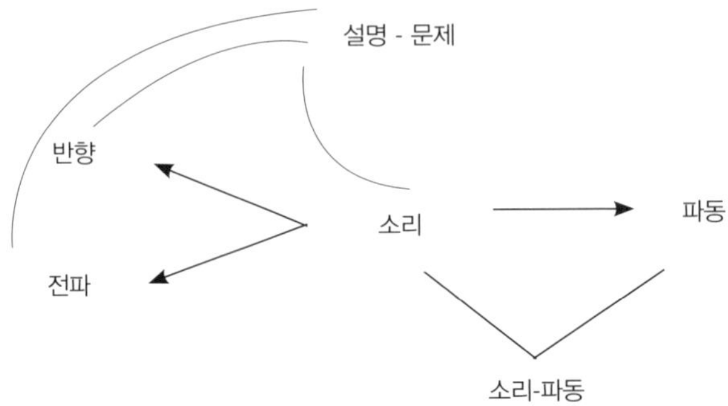

그림 10-1 소리의 파동 이론 구조

소리, 전파, 반향의 개념 활성화와 연결로 이루어진다.

살펴본 것처럼, 개념들은 연관되고 활성화되고 규칙을 생성하여 현상의 설명과 같은 문제 해결에 유용하게 적용된다. 이처럼 개념들이 연관되고 구성되어 있는 체계는 여러 가지 유형으로 나타난다. 고래의 예에서 본 것처럼 개념은 ~의 종, ~의 부분과 같은 관계로 조직되어 있으며, 이들은 규칙으로 연관되어 있다. 또 개념들이 연관되고 구성되어 있는 체계는 몇 가지 위계로 나타난다. 개념 위계는 그물망 같은 마디, 개념에 상응하는 마디, 개념 사이의 연결과 관계로 분석될 수 있다. 이 그물망은 다음과 같은 다섯 가지 유형 관계를 사용한다.

- 종 관계: 이것은 한 개념이 다른 개념의 종류가 됨을 나타낸다. 예를 들어, 카나리아는 일종의 새이고 새는 일종의 동물이다.
- 사례 관계: 이것은 한 개념이 특정 사례와 연결됨을 나타낸다. '트위티'(라고 불리는 새)는 카나리아의 사례다. 이는 트위티가 또한 동물임을 보여준다.

- 규칙 관계: 이것은 개념 중의 일반적인 (항상 보편적이지 않으나) 관계를 표현한다. 예를 들어 카나리아는 노란색을 띠고 있다.
- 속성 관계: 이것은 한 개체가 특정 속성이 있다는 것을 나타낸다. "트위티는 노랗다."
- 부분 관계: 이것은 전체가 특정 부분을 포함한다는 것을 나타낸다. 즉, 부리는 새의 일부다.

다양한 수준의 개념 변화

개념 체계가 위와 같은 다양한 관계로 연결된 그물망으로 이루어져 있다면, 개념 변화는 개념 마디나 연결을 추가하거나 삭제하는 것으로 이루어진다. 공통적인 개념 변화는 다음과 같은 것의 추가와 관련이 있다.

- 새로운 개념 마디. 예: 타조
- 개념 마디 사이의 새로운 유형의 연결. 예: 카나리아는 파충류다.
- 개념 마디 사이의 새로운 규칙의 연결. 예: 카나리아는 파란색을 띠고 있다.

개념 변화는 종종 단독 개념에서 일어나기보다는 연결된 개념들의 집단에서 나타난다. 예를 들어 타조에 대한 개념 마디의 추가는 타조에서 새까지의 종 관계의 추가, 타조에서 특정 타조를 나타내는 다양한 개체의 사례 관계의 추가, 긴 다리와 같은 개념과 타조들 간의 규칙 관계의 추가 등이 동반될 것이다.

그러나 개념 변화에서 모든 추가나 삭제가 동등하게 중요하지는 않다. 극적인 변화는 새로운 규칙 관계와 종 관계뿐만 아니라, 새로운 개념의 추가를 포함하는데, 새로운 개념이 연결되려면 기존 개념망에서 개념들이 교체되어야 한다. 만일 몇 가지의 이전 연결고리가 남아 있다면, 새로운 개념과의 연결이 기존 개념 체계와 유사한 새 체계 내에서 자리를 차지하고 있게 된다. 개념 혁명은 상당한 부분의 개념 체계에 대한 극적인 교체를 포함하는데, 종 관계와 부분 관계를 넘어서 개념의 종 위계 혹은 부분 위계의 재구성으로 나타난다. 예를 들면, 다윈이 인간을 동물로 재분류하여 생명체 존재에 대한 이론을 창조론에서 생물학적 진화론으로 변화시킨 것을 들 수 있다.

새거드는 개념 변화를 다음과 같이 아홉 개의 범주로 제시했다 (Thagard, 1992, 2011).

- 한 개념의 새로운 사례를 더하기. 예를 들어 폐결핵 환자.
- 새로운 약한 규칙을 더하기. 예를 들어 폐결핵은 감옥에서 일반적이다.
- 새로운 강한 규칙, 즉 문제 해결과 설명에서 자주 역할을 하는 규칙을 더하기. 예를 들어 폐결핵에 걸린 사람은 미코박테리움 투버큘러시스(결핵균, *Mycobacterium tuberculosis*)를 갖고 있다.
- 새로운 부분-관계(part-relation)를 더하기. 예를 들어 병에 걸린 폐는 결핵결절을 포함한다.
- 새로운 종류-관계(kind-relation)를 더하기. 예를 들어 폐병과 속립성 결핵(miliary tuberculosis)을 구별한다.

- 새 개념을 더하기. 예를 들어 결핵(앞의 용어 폐결핵[phthisis을 대체했음) 혹은 AIDS 개념을 추가한다.
- 종류-위계의 일부를 붕괴하고 앞의 구별을 포기하기. 예를 들면 폐결핵(phthisis)과 연주창(scrofula. 목 언저리에 생긴 여러 개의 멍울이 곪아터져서 생긴 부스럼)은 같은 질병, 결핵이라는 것을 깨닫는다.
- 개념 위계 재조직하기(branch jumping). 즉 개념이 나무의 가지처럼 위계 관계에 있다고 볼 때, 개념의 위계를 한 가지에서 다른 가지로 전환하기. 예를 들어, 결핵을 전염병으로 재분류한다.
- 개념 조직 원리 변화하기(tree switching). 즉 나무와 같은 개념의 위계적 조직 원리를 변화시키기. 예를 들어, 질병을 징후가 아니라 원인 물질로 분류한다.

이처럼 다양한 범주를 갖는 개념 변화는 인지적일 뿐 아니라 감정적인데, 특히 개념 변화가 급진적일 때 더욱 그러하다. 개념 변화가 단순히 하나의 사례를 더하는 차원에 그치지 않고 세계를 바라보는 관점을 바꿔야 하는 경우에 감정적 저항은 개념 변화를 어렵게 만든다. 즉 이론을 대체하는 것과 같은 종류의 개념 변화는 단지 설명일관성의 문제를 넘어서, 감정적 정합성에서의 변화도 요구하는 것이다(Thagard, 2000).

의미론적 지표로서의 개념

여기에서는 과학적 개념을 위시한 개념들이 의미론적 지표(semantic pointer)라고 주장한 새거드의 견해(Thagard, 2011)를 소개한다. 의미론적 지표는 강력한 의미론적 · 구문론적 · 도구적 능력을 갖춘 신경적 작용을 의미한다. 의미론적 지표는 엘리아스미스(C. Eliasmith)가 개발한 새 이론으로 과학적 개념에 대한 새로운 접근을 제안한다. 의미론적 지표는 일종의 신경적 표상으로서, 힘을 크기와 방향의 이차원 공간에서 벡터로 표시하는 것과 같이 자연스럽게 표상된다. 의미론적 지표는 신경적 과정으로서, 첫째, 세계와의 관계와 다른 표상들을 통해 피상적인 의미론을 제공한다. 둘째, 지각적 · 운동적 · 감정적 정보와 관련된 더 깊은 의미론을 제공하기 위해 확장될 수 있다. 셋째, 복잡한 구문론적 작동을 지원한다.

단순한 예를 생각해보자. 차(car) 개념은 세계에 있는 차를 언급하는 의미적 기능이 있다. 또한, "전기차는 환경에 도움이 된다"와 같은 문장을 생성하는 구문론적 기능과 특정 맥락에서 화자의 의도를 획득하는 데 도움이 되는 도구적 기능이 있다. 형식 논리와 언어학에 대한 전통적 접근이 구문론을 중심으로 취급하고, 의미론과 도구론을 보조적인 것으로 처리한 반면, 엘리아스미스의 의미론적 지표 가설은 신경 과정으로 구성된 개념이 구문론적 · 의미론적 · 도구론적 기능을 어떻게 동시에 가질 수 있는지 보여준다. 뉴런들은 다른 뉴런들로부터 투입에 대한 반응으로 그들로 하여금 패턴에서 촉발하도록 해주는 시냅스의 연결을 가진다. 이 촉발 패턴들은 결합 작동의 결과로서 구문론적으로 기능할 수 있다. 두 개념은 나선형의 감김에 의해 결합된 개념으로 묶일 수 있고, 동일한 과정은 복잡성을 갖는 구문론적 속성들을 생성할 수 있다. 그런 신경적 표상들은 오직 부분적으로 압축된 의미를 운반하지만, 지각적 · 운동적 · 감정적 표상과의 관련 덕분에 훨씬 더 의미적으로 풍부한 신경적 집단에서 촉발 형태를 지적할 수 있다. 개념들의 감정적 연합은 개념 사용의 도구론에 기여한다. 예를 들어, 당신이 차에 대한 과거 경험으로 차가 좋아지게 된다면, 당신은 그다음 행위로서 차를 사용하는 행동을 하게 될 것이다. 의미론적 지표로서의 차(car)라는 개념은 그 지표를 운반하는 신경 집단과, 목적을 부호화하는 신경 집단 간의 연결 덕택에 감정적 요소를 가진다. 이 요소는 개념으로 하여금 가치들을 표상하도록 허용한다. 따라서 의미론적 지표로 구성된 개념들은, 뇌가 맥락과 목표에 민감해지는 과정에 참여하여, 개념들로 하여금 언어의 도구론과 의사결정에 기여하도록 해준다.

11장

발견의 맥락에서 개념 변화 과정은 어떤가?

흔히 과학적 활동은 발견의 맥락과 정당화의 맥락으로 구분된다. 발견의 맥락은 지식의 기원과 발견적 특성에 대한 논의인 반면, 정당화의 맥락은 발견된 과학적 지식의 검증이나 증명과 관련된다. 이 두 맥락은 과학적 활동에 서로 배타적일 수 없는데, 과학은 증명과 발견의 두 과정 모두를 포함하기 때문이다.

슈밥과 브랜드웨인은 과학적 탐구를 전체적으로 보아 두 가지 양상의 상호작용, 즉 안정적 탐구와 유동적 탐구의 상호작용을 포함하는 과정으로 파악했다(Schwab & Brandwein, 1962). 안정적 탐구는 기존의 개념 체계를 보다 확장하고 세련시켜가는 것으로, 쿤의 표현을 빌리면 정상과학에서 제기되는 문제를 해결해나가는 과정에 해당한다. 기존 개념 체계가 문제를 효과적으로 정의할 수 없고, 또 문제 해결에 계속해서 실패하는 횟수가 많아질 때 위기에 봉착하는데, 이때 유동적 탐구가 안정적 탐구의 역할을 대체하게 된다. 유동적 탐구의 특징은 기존의 개념 체계가 실패한 곳에서 시작하기 때문에 활동에 대한 지침이나 패러다임이 제시되지 않는다. 따라서 실패가 자주 일어날 수 있다. 유동적 탐구의 목적은 새로운 안정적 탐구를 이끌어갈 새로운 개념 체계를 개발하는 것에 있다. 큰 틀에서 볼 때, 과학적 탐구에서는 안정적 탐구와 유동적 탐구가 교대로 일어난다.

새로운 과학적 탐구는 객관적 사실에서 출발한다기보다는 탐구자 자신의 개념 구성에서 시작한다고 볼 수 있다. 탐구에서 어떤 것들을 관찰해야 하며 어떤 의미를 부여해야 하는지는 전적으로 탐구자의 개념 구성에 의존한다. 탐구는 탐구자의 개념 구성에 의해 출발하지만 그 개념 틀을 바탕으로 지식을 축적하면서 거꾸로 개념 틀을 검증하게 된다. 이처럼 안정적 탐구와 유동적 탐구는 상호 중첩, 대체, 순환 과정으로 진보해간다.

과학적 탐구에서 추론: 연역, 귀납, 귀추의 상호작용

과학적 탐구에서 개념을 생성하고 정당화하는 과정은 단일 개념의 옳고 그름보다는, 개념과 자료 구조, 그리고 개념 간의 정합성 및 일관성 등에 대한 추론으로 이루어진다. 과학자들은 자연 세계의 다양한 현상에 믿을 만한 지식 체계를 생성하는 것을 목표로 과학적 탐구를 실행해왔다. 과학적 사고의 기초는 하나의 주장을 제시할 때 '그 이유'를 나타내는 논리 전개에 있다고 하겠다.

논리 전개 방법에는 연역법(deduction)과 귀납법(induction)이 존재했는데, 이들 방법은 인간이 자연스럽게 생각하는 사고방식에 해당한다(차머스, 1985). 귀납과 연역은 흐름이 반대인 사고방식이다. 연역이 두 개의 정보(대전제-일반론, 소전제-관찰사항)를 서로 연관시켜서 필연적으로 여길 수 있는 결론을 도출하는 사고법이라면, 귀납은 관찰된 몇 가지의 공통점에 착안해서 일반론을 도출해내는 방식이다. 귀납은 연역법과는 달리 필연적으로 결론이 도출되는 것이 아니라, 일종의 도약이 존재하며 상상력이 필요하다.

과학적 추론 과정에서 연역과 귀납은 어떻게 사용되는가? 연역적 사고는 설명이나 예측을 요구하는 과제에서 많이 사용된다. 즉 주어진 원리나 법칙으로부터 자연 현상을 설명하거나 예측하는 데 연역적 과정이 사용된다(박종원, 2000; 차머스, 1985). 또 귀납은 과학적 추론의 주요 요소로 강조되어왔는데, 그 이유는 과학 지식의 생성에서 관찰이 갖는 위상이 컸기 때문이다(Gustason, 1994; Jung, 1996; Kuhn et al., 1988; Lawson, 2004). 귀납주의자들에 따르면, 관찰은 과학을 행하는 출발점이어서, 관찰로부터 규칙 혹은 일반화를 만들어가는 것으로 이해되었다. 그러나 과학 연구자들에게 귀납은 진리의 위상을 갖는 일반화라기보다는 '새로운 가설', 다시 말해 '임시적 설명'의 생성이라는 의미를 갖는다(Kuhn et al., 1988; Lawson, 2004). 따라서 연역과 귀납만 가지고는 자연 세계를 탐구하여 새로운 지식을 생성하는 과학적 사고의 흐름을 충족시키기 어렵다. 즉 연역과 귀납은 미지의 현상에 대한 새롭고 창의적인 가설을 만들어내는 발견의 과정을 설명하는 데 충분하지 않다.

'귀추(abduction)'는 과학에서 지나치게 정당화 맥락만을 강조하여 주목받지 못했던 추론법으로, 귀납과 연역으로는 설명하지 못하는 이론(설명적 가설) 생성 과정을 설명할 수 있는 것으로 제안되었다(Hanson, 1958; Lawson, 2000). 귀추는 특정한 사실이나 법칙, 가설을 추론하여 어떤 현상이나 관찰 내용을 설명하거나 발견하는 과정을 의미한다(Magnani, 2001). 귀추는 규칙과 결과로부터 구체적 사례를 추리하는 것으로, 이론(설명적 가설) 생성의 과정을 설명해줄 수 있다(권용

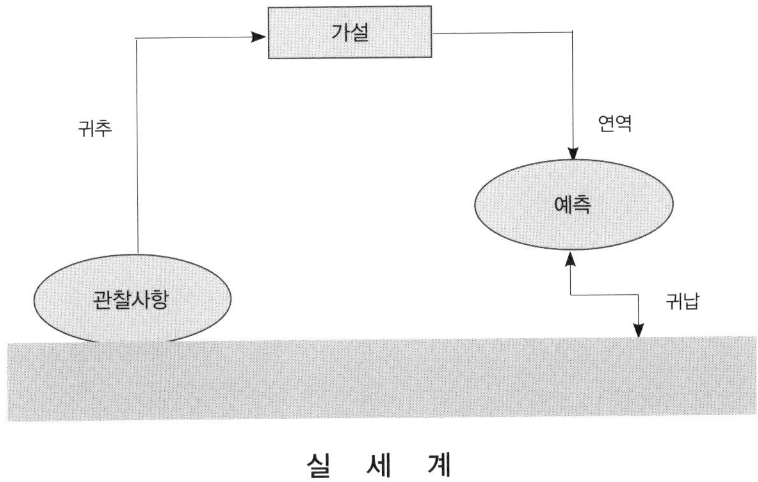

그림 11-1 과학적 탐구의 세 단계
자료: Flach & Kakas, 2000

주 외, 2003; 이규호 · 권병두, 2010). 따라서 귀추는 과학 활동인 문제 해결 과정에서 과학적 발견과 창조적인 추리의 역할을 한다(Magnani, 2001). 즉 귀추는 결과로부터 원인들(가설)을 생성하여 이론의 발생과 관계가 있다.

플라크와 카카스는 퍼스(C.S. Peirce)가 제시한 연역, 귀납, 귀추의 세 가지 추론 형태를 가설 생성, 예측, 평가라는 과학적 탐구의 세 단계로 정리했다(Flach & Kakas, 2000)(그림 11-1). 이 도식에 따르면, 과학자가 여러 관찰 사실들을 설명하고자 할 때 초기 가설을 만들어내야 하고, 그다음 그 가설이 갖는 다른 결과들은 어떤 것이 있는지 조사하고, 최종적으로 그 예측 결과들이 실제와 일치하는지 평가해야 한다. 퍼스는 과학적 탐구에서 초기 가설 생성을 귀추, 제안된 가설로부터 예측을 끌어내는 것을 연역, 그 가설이 믿을 만한 것인지를 예측들에 기반하여 평가하는 것을 귀납이라 했다.

[그림 11-1]의 과학적 탐구의 추론은 귀추, 연역, 귀납을 개별적인 추론의 기술로서 취급되어야 할 것이 아니라, 역동적으로 상호연관된 것으로 파악되어야 할 것을 시사한다. 같은 맥락으로 연역, 귀납, 귀추 등은 과학적 사고의 기초로서 역동적이고 순환적인 관점으로 다루어야 할 것이다. 일상적 혹은 과학적 맥락에서 추론은 하나의 문제 상황에 하나의 추론 기술이 엄격히 사용되는 것이 아니라 상호 연관을 가지며 역동적으로 발생하기 때문이다. 문제 상황에서 추론의 순서는 일정하지 않으며, 때로 암시적으로 전제되어 명시적으로 드러나지 않기도 한다.

체화된 귀추

과학적 지식(설명)을 생성하는 과정을 단순화하면, '귀추를 통한 새로운 가설의 제안—그 가설로부터 예측의 연역—자료로부터 가설의 타당화'의 사이클에서 경쟁 가설의 등장으로 새로운 사이클로 진행되면서 더 나은 설명을 만들어내는 과정이라 할 수 있다(Flach & Kakas, 2000).

귀추는 설명적 가설을 생성하고 평가하는 데 중요한 역할을 한다. 이는 일상적인 상황과 과학적 상황 모두에서 작동하며 모형 기반 추론과 연관성을 갖는다(Magnani, 2001; Sehlley, 1996; Thagard & Shelley, 1997). 귀추를 더 넓게 설명하자면, 퍼스의 아이디어를 기반으로(Peirce, 1992), 시각적 표상을 포함하는 정신 모형이 설명적 추론에 어떻게 기여할 수 있는지를 더 넓게 고려함으로써 가능해진다. 문장을 놓고 따지면, 귀추는 단지 "p라면 q; 왜 q? 아마도 p"(If q then q; why q? Maybe p)라고 볼 수 있다. 그러나 귀추적 스키마에서 p이고 q임을 허용함으로써 많은 것을 얻을 수 있는데, 언어적 정보의 한계를 초월하여 시각적·후각적·청각적·몸짓, 그리고 심지어 운동감각적 표상을 고려할 수 있게 한다. 극단적 예를 취하면, 귀추는 "그 이상한 냄새가 무엇이지?"를 호소함으로써 촉발될 수 있는데, 이때 언어뿐 아니라 시각적·청각적·심체적 표상을 병합하면, "조(Joe)가 치즈를 갈아 오믈렛에 넣으려고 했으나 떨어뜨려서 난로에 빠졌다"는 설명이 생성될 수 있다.

언어 및 비언어적 표상에 대한 고려는 퍼스의 귀추에 대한 아이디어에도 표현되어 있다. 퍼스는 말하기를, 귀추는 놀람에서 촉발되는데, 이 놀람은 감정이지만 놀람이 어떻게 문장 틀에 맞춰질 수 있는가? 또, 퍼스는 말하기를 귀추는 새 아이디어들을 도입하지만 어떻게 문장 도식에서 발생할 수 있는가? 그런 생각들은 불꽃과 같은 통찰력을 생성시킬 수 있지만, 통찰력과 그 불꽃들은 문장 틀에서 기술할 수 없는 것처럼 보인다. 문장의 귀추적 스키마에서 "만일-그렇다면"(if-then) 관계의 본질은 분명히 물질적 함축(material implication) 이상이어야 하지만, 무엇이 더 필요한가? 귀추로 향하는 논리-기반 접근은 설명이 연역의 문제라는 것을 가정하려는 경향이 있다.

하지만, 철학적 논의는 연역이 설명을 위한 필요조건도 충분조건도 아니라는 것을 보여준다(Salmon, 1989). 좋은 설명은 인과적 메커니즘을 활용하지만, 설명되는 것(what is explained)과 설명된 것(what gets explained) 사이의 인과적 관계를 구성하는 것은 무엇인가? 이렇듯 귀추가 인과적 스키마뿐 아니라 그 외의 다른 측면들—놀람과 통찰의 역할, 새 아이디어의 생성, 그리고 인과관계의 본질—을 참작한다면,

신경적 메커니즘을 고려함으로써 분명해질 수 있다.

퍼스는 귀추가 새 아이디어를 생성할 수 있다고 주장했지만, 특별히 이것이 어떻게 일어나는지를 말하지 않았다. 귀추가 논리적 스키마처럼 분석되면, 새로운 아이디어가 어떻게 발생하는지는 완전히 비밀에 부쳐지게 된다. 스키마는 다음과 같은 것이다. "q는 명확하지 않다, p는 q를 설명한다, 따라서 아마도 p다." 그러나 이 스키마는 이미 명제 p를 포함하고 있으며, 따라서 새롭게 생성되는 것은 없다. 따라서 퍼스가 지적했듯이, 귀추에 대한 논리-기반 접근은 새 개념을 생성하는 추론 특징과 연관되기 어렵다(Thagard & Shelley, 1997). 새거드는 새 개념이 설명적 추론의 맥락에서 어떻게 생성될 수 있는지에 대한 설명을 제공했으나(Thagard, 1988), 이 설명은 슬롯들(slots. 홈, 자리, 위치)과 값(values)을 가진 프레임으로서 표상된 언어적 개념에만 적용된다. 대조적으로, 신경적 집단에서 활동 패턴으로서 표상을 보는 관점은 새 다중양상 개념의 생성을 서술하는 데 사용될 수 있다.

창의적 개념 병합은 임의적으로 발생하는 것이 아니라, 다소 새로운 설명을 요구하는 문제 해결을 위한 시도 맥락에서 일어난다. 귀추적 추론이 신경적 집단으로 어떻게 작동할 수 있는지를 볼 때, 귀추적 신경 모형을 사용할 수 있다. 간단히 말하면, 'q'와 'p가 q을 유발한다'로부터 'p'로의 전이를 모형화하기 위해 수천의 뉴런을 사용하는 것이다. 모형화에 신경적 접근을 취하는 장점은, p와 q가 언어적 표상을 요구하는 것이 아니라 어떤 양상에서도 작용할 수 있는 것이다. 예를 들면, q는 내가 손에서 느끼는 아픔을 신경적으로 부호화하는 것이 되고, p는 내 손에 찔림의 이미지를 신경적으로 부호화한 것이 된다. 그렇다면, 내 귀추적 추론은 아픔의 경험으로부터 찔림이 있는 시각적 표상의 적용으로 가게 된다.

더욱이, 귀추의 신경적 모형에는 연관된 감정이 따라온다. 초기에, 명확하지 않은 q는 놀람과 초조함 같은 감정을 자극하는 것과 연관된다. 그러나 가설 p가 귀추적으로 취해질 때, 감정적 반응은 편안함과 기쁨으로 변한다. 따라서 신경적 모형화는 귀추적 추론의 감정적 측면을 파악할 수 있다.

그러나 "p는 q를 유발한다"에서의 인과적 관계를 어떻게 이해할 수 있을까? 인과관계는 연역적 관계 혹은 확률적 관계처럼 형식적으로 구성되는 것이 아니라, 시각-운동 경험의 패턴으로부터 유도된 스키마처럼 구성되어야 한다(Thagard, 2007). 예를 들면, 아기가 손으로 장난감을 움직여 짤랑짤랑 소리를 내는 경험을 할 때, 초기 시각적 상태는 나중의 촉각적 상태(장난감을 만지고 느낌)와 병합되는 일종의 연합이 형성된다. 이때, 초기 시각적 상태는 움직임으로 이어지고, 촉각적 상태는 시각적-청각적 상태(장난감이 움직이고 소리를 내는 것을 보고 들음)로 이어진다. 아마도 그런 감각-운동-감각 스키마는 본래 갖고 있을 터인데, 누구나 태어나면서 신경적 연결 형태에서 자연선택에 의해 획득하는 것이다. 그런 스키마는 내재적 학습 메커니즘 덕분에 유아들은 매우 빠르게 획득할 수 있다. 더 나아가, 물리적 인과성의 많은 설명에서 중심이 되는 힘 개념은 당기고 밀고 하는 신체-기반 경험에 인지적 뿌리를 갖고 있다. 따라서 많은 설명을 구성할 때 '체화된 귀추'가 작동한다고 말하는 것이 적절한 듯하다. 살펴보았듯이, 인과 관계 그 자체도 그렇거니와 설명되는 많은 가설과 사실들의 다중양상적 표상들이 모두 인간 신체의 감각적 작동과 연결되어 있기 때문이다.

개념 병합과 아하!(Aha!)

여러 과학적 발견들은 새로운 이론적 개념들이 기존의 개념들과 합쳐져 개념 병합이 발생함으로써 이루어진다(Thagard, 1988). '소리'와 '파동'이라는 기존의 개념 두 개가 병합하여 '소리의 파동 이론'이 생성된 것이 대표적인 예다. 이 개념적 병합은 부분적으로 시각이나 청각 등의 지각을 포함한다(Wu & Barsalou, 2009; Barsalou et al., 2003). 인간에게 소리의 개념은 전적으로 언어적이지는 않다. 음악, 천둥, 그리고 동물의 소음과 같은 청각 예를 갖기 때문이다. 이와 마찬가지로, 파동 개념도 크고 작은 전형적인 파동의 시각적 표상을 부분적으로 포함하므로 전적으로 언어적이지는 않다. 예를 들어, 파동 개념은 바닷물의 파동 혹은 욕조 물의 파동과 같은 시각적 표상을 부분적으로 담고 있는 것이다.

개념 병합의 창발은 기술적 발명에서도 많이 나타난다. 1990년대 발명된 블랙베리(BlackBerry) 무선 장비는 무선과 이메일 개념을 실질적으로 병합하여 무선 이메일(wireless email) 개념이 생성된 결과물이다. 소리 파동 개념이 관찰된 현상을 설명하기 위해 형성된 반면, 무선 이메일 개념은 기술의 발달과 기업의 성공을 위해 만들어졌다. 또한, 개념 병합에 의한 기술 발달의 또 다른 예로는 청진기의 발명이 있다(Thagard, 1999). 1816년에 프랑스의 물리학자인 라에네크(R. Laënnec)는 그 당시에는 의사가 젊은 여자의 가슴에 직접 귀를 갖다 댈 수 없었으므로 심장을 진단하는 게 어려웠다. 우연히 라에네크는 아이들이 나뭇조각을 통해 핀 스크래칭에 귀를 기울이면서 놀고 있는 모습을 보게 되었다. 이 광경을 목격한 순간 환자의 가슴에 갖다 대고

들을 수 있는 튜브(hearing tube) 아이디어가 떠올랐다. 여기서 각각의 개념은 다중 표상적인데, 소리(심장박동을 듣기, hearing heartbeats)라는 청각적 표상과 구부러진 튜브(rolled tube)라는 시각적 표상을 포함한다. 이 다중 양상적 표상들이 하나로 병합하여 라에네크에 의해서 청진기라는 기구가 발명된 것이다.

비스(M.E. Beeth)는 힘의 작용과 반작용에 대한 여러 날 동안 수행된 과학 활동의 말미에 나타난 담화 과정을 기술하면서, 한 학생의 발언인 "it is"에 주목했다(Beeth, 1993). 이때 과학 활동의 목표는 책상 위에 놓인 책에 작용하는 힘을 기술하고 설명하는 것이었고, 여러 날 지속되었다. 학생들에게 있어서 논점은 책상 위에 있는 책에 작용하는 힘으로서 책상의 힘이 존재하는가였다. 이 주장에 대해 여러 학생이 담화를 전개해갔다. 교사는 학생들에게 다른 활동의 예를 들어 낙하산 떨어뜨리는 활동을 수행하도록 하면서 학생들에게 움직이는 물체와 움직이지 않는 물체에 어떤 힘이 작용하는지를 생각하게 했다. 한 학생을 제외한 다른 학생들은 책상 위의 책에 두 가지 힘, 즉 중력과 책상의 힘이 동일하면서 반대로 작용한다는 주장에 동의하지 않았다. 이와 같은 담화가 지속되는 말미에, 한 학생은 "it is"라고 표현하였는데, 이 학생은 담화 과정에 참여하지 않고 있다가 매우 확신에 찬 발언을 한 것이다. 담화의 맥락에서 그 학생의 "it is"는 '아하!(Aha!)' 경험으로 해석되었다. 비스는 아하!(Aha!) 경험이 개념이 변화했음을 보여주는 중요한 징조라고 강조했다.

아하!(Aha!) 혹은 유레카(Eureka!)는 어떻게 발생하는가? 평범 개념 병합, 예를 들어 갈색 소(brown cow), 그리고 키 큰 농구선수(tall basketball player)와 같은 개념 병합에 대해서는 감정적 반응이 일어나지

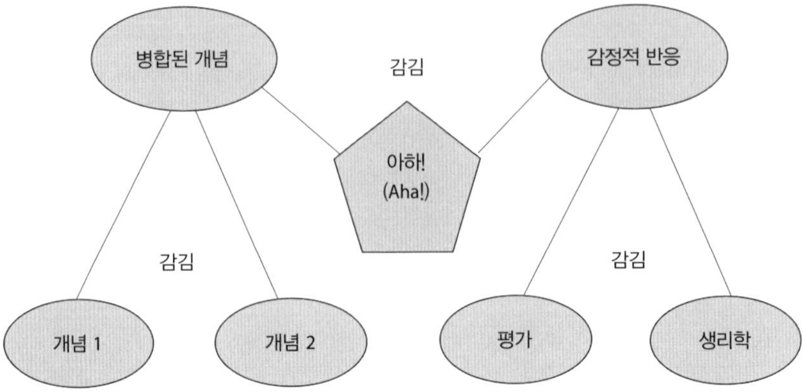

그림 11-2 표상 병합과 감정의 다중적 감김으로 통해 발생하는 아하(Aha!) 경험

않는다. 그러나 소와 농구가 합쳐진 소 농구(cow basketball)와 같은 개념 병합이 의미를 가지려면, '놀라움'과 '흥미' 등의 감정적 처리가 필요할 것이다(Kunda et al., 1990).

개념들에 상응하는 신경적 활동 패턴이 발생하고, 새로운 개념 병합에 대한 감정적 평가가 이루어지는 활동 패턴이 활성화된다. 이때, 신경적 활동 패턴과 감정적 평가의 활동 패턴이 나선형으로 감길(convolved) 때, 표상 병합은 매우 감정적이 된다(그림 11-2). 예를 들어, 음파(sound wave)와 같은 새로운 개념 병합이 발생하면 '흥미'라는 감정적 평가가 활성화되는데, 이 과정은 개념을 병합한 발견자의 목표를 성취하는 것과 상당히 연관되어 있기 때문이다.

개념 병합에서 나선형 감김(convolution)은 세 가지 수준으로 발생하며, 인지적 과정과 감정적 과정의 복잡한 신경적이고 생리학적 메커니즘이 작동한다. 이 책에서는 그러한 논의를 다루고자 함이 아니라 단지, 개념 병합의 통찰적이고 창의적 차원인 아하! 경험이 인지적 과정과 감정적 과정이 나선형으로 감겨 나타나는 결과라는 것을 인식하는 수준에서 개념 변화를 이해하고자 한다.

과학교육은 개념 변화를 어떻게 이해해야 하는가?

전통적으로 개념 변화가 중요한 주제인 이유는 첫째, 개념 발달 이해가 과학적 지식의 구조와 성장을 이해하는 데 영향을 주기 때문이고, 둘째, 개념 발달이 아동의 개념 발달 과정에서도 일어나기 때문이었다고 볼 수 있다. 과학 개념은 두 가지 유형이 존재한다. 하나는 힘, 운동, 공기 등과 같이 아동들이 일상생활에서 자연스럽게 획득한 개념들로서 과학자들의 이해와 다를 수 있는 개념들이다. 다른 하나는 중력, 분자, 바이러스와 같은 새로운 개념들로서 아동이 과학 수업에서 처음 소개받게 되는 개념들이다. 어떤 경우든 아동의 초기 이해가 과학자들의 이해와 다를 경우, 과학 학습 과정에서 기존의 개념을 새로운 개념으로 대체하면서 개념을 변화시킨다.

개념 변화는 급진적인 경우 패러다임 전환과 같은 신념의 변화를 동반하기도 하며, 아동의 개념 변화에서도 유사한 과정이 발생한다. 한 종류의 설명에서 다른 종류의 설명으로의 전환은 급진적 개념 변화로의 전환을 가져온다. 이때, 이론 변화로서의 개념 변화는 인지적일 뿐 아니라 감정적인 과정이 결합되어 있으며, 급진적인 개념 변화의 경우 아하!를 경험하게 되는 것이다.

과학교육은 학생들의 개념 변화를 촉진하기 위한 효과적인 교육적 테크닉을 고안하는 것도 중요하지만, 그보다 근본적으로는 개념 변화 과정을 이해하는 노력이 필요하다. 급진적 개념 변화가 어려운 이유는 신념 개정과 같은 과정을 요구하기 때문이다. 이때 학생들은 합리적으로 개념의 정합성을 판단하는 것 이외에 감정적 저항을 겪게 된다. 합리적으로, 사람들은 그들이 진리라고 원하는 것을 따르지 않고, 증거를 기반으로 해서 그들의 신념을 형성해야 한다고 생각한다. 그러나 사람들은 목적에 따라 부분적으로 차등적인 자신의 신념을 형성하기도 하는데, 이는 '동기화된 추론'이라고 한다(Kunda et al., 1990). 예를 들어, 사람들은 무언가가 이루어지기를 바랄 때, 행운을 잡을 기회를 과대평가하거나 질병을 얻을 기회를 과소평가할 수 있다. 새거드는 그런 동기화된 추론들이 감정적 정합성의 과정으로부터 어떻게 발달할 수 있는지를 보여준다. 그 과정에서 신념은 설명 정합성과 감정적 영향의 병합을 통해 발생하게 된다. 사람들은 목적과 맞는 신념은 받아들이고, 목적과 갈등하는 신념은 거부하는 경향이 있다(Thagard, 2006).

많은 사람들이 다윈의 이론을 받아들일 때 갖는 문제는 그것이 기존의 종교적이고 심리학적 신념과 갈등을 일으켜서가 아니라, 그들의 가장 깊은 개인적 동기의 무언가와 갈등하기 때문이다. 진화론을 거부하는 사람들은 단순하게 자연 선택에 의한 진화를 거짓이라고 생각하지 않는다. 그들은 다윈의 진화론이 거짓이기를 바란다. 반대로 진화를 믿는 사람들이라도 그들이 진화가 거짓이 되기를 원하기도 한다(Brem et al., 2003). 사람들에게 문제가 되는 주제들에 관한 개념 변화는 종종 인지적 과정이며 감정적 과정이다.

일찍이 개념 변화 모형을 제안한 연구자들은 개념 변화 과정이 합리적인 것만이 아니라 동기적이고 감정적이라는 것을 인지했다. 그들은 "동기적 신념(motivated belief)"이라고 칭하며 학생들이 과학을 학습할 때 학습 목적과 관련된 동기가 개념 변화에 영향을 준다는 것을 보고했다. 그러나 개념 변화의 인지적 · 감정적 메커니즘은 제시하지 못했으며, 두 과정의 연결에도 주의를 기울이지 못했다.

개념 변화를 신경적 인지과학으로 해석할 때, 우리는 개념들이 나선형으로 감겨 병합이 이루어지고, 그 개념 병합의 평가와 놀람 혹은 흥미 등의 감정적 반응이 연관되어 감기고, 개념 병합의 인지적 과정과 감정적 반응이 다시 감겨 '아하!'라는 통찰이 이루어지는 과정을 이해할 필요가 있다. 즉, 개념 변화는 인지적 과정과 감정적 과정은 별개 혹은 단계별로 전개되는 것이 아니라, 상호 연관되고 감기고 엮이면서 이루어진다고 볼 수 있다.

과학 개념 변화 과정에 대한 이해를 인지적 · 감정적 과정이 엮인 것으로 확장할 때, 우리는 개념 변화를 인지적 영역과 감정적 영역으로 분리하기보다는 통합된 관점에서 연관지어 살펴보아야 할 것이다. 물론 연구의 초점에 따라 한 영역을 더 강조할 수는 있으나, 이는 상호작용적 관점에서 해석되어야 할 것이다. 잊지 말아야 할 것은 개념 변화는 본질적으로 인지적 영역과 감정적 영역으로 분리할 수 없다는 점이다.

이러한 관점을 기초로 하여, 개념 변화가 일상적 맥락 혹은 문제 상황의 탐구적 맥락에서 과학 활동을 할 때 어떻게 이루어지는가를 통합적 관점에서 살펴볼 필요가 있다. 즉 개념이 활성화되고 변화하는 과정에서 지각적이고 신체적이며 감정적인 작용은 어떻게 연관되는지를 통합적으로 볼 필요가 있다. 또한 개념 변화의 창의적 수준인 개념 병합과 아하! 경험이 어떻게 발생하는지에 관해 인지적 · 감정적 과정의 통합적 관점에서의 경험 연구가 이루어져야 할 것이다.

참고문헌

강경희 · 이선경(2001). 「개념변화 맥락을 구성하는 개념생태 상호작용에 관한 사례 연구」. 『한국과학교육학회지』, 21(4), 745-756.

게겐, 케네스(1997), 『구성주의와 교육』. 조연주 · 조미헌 · 권형규 공역. 학지사.

권성기(1998). 「과학학습과 구성주의」. 김종문 외 13인 공저, 『구성주의 교육학』(pp.361-393). 교육과학사.

권용주 · 정진수 · 박용복 · 강민정(2003). 「선언적 과학 지식의 생성 과정에 대한 과학철학적 연구: 귀납적, 귀추적, 연역적 과정을 중심으로」. 『한국과학교육학회지』, 23(3), 215-228.

권재술 · 김범기(1993). 『과학 오개념 편람: 역학편』. 한국교원대학교 물리교육연구실.

권재술 · 김범기 · 우종옥 · 정완호 · 정진우 · 최병순(2000). 『과학교육론』. 교육과학사.

기어리, 로널드 · 버클, 존 · 몰딘, 로버트(2010). 『과학적 추론의 이해』. 조인래 · 이영의 · 남현 옮김. 소화.

김만희(2003). 『폴라니의 인식론에 근거한 과학교수의 내러티브적 성격 고찰』. 한국교원대학교 대학원 박사학위논문.

김미영(2007). 『모형 기반 수업을 통한 고등학생의 혈액 순환 개념 변화 탐색』. 서울대학교 박사학위논문.

김익균 · 박승재(1992). 「대립개념의 증거적 비판논의와 반성적 사고를 중심으로 한 물리 개념변화 모형」. 『한국과학교육학회지』, 12(3), 77-89.

김효남 · 정완호 · 정진우(1998). 「국가수준의 과학에 관련된 정의적 특성의 평가체제 개발」. 『과학교육논문집』, 8(1), 26-38.

레이브, 진 · 웽어, 에티엔(2000). 『상황학습』. 전평국 · 박성선 옮김. 교우사.

박승재 · 장병기(1994). 「광학 현상 증거 해석의 인과적 추론 방식」. 『한국과학교육학회지』, 14(2), 123-132.

박종원(2000). 「학생의 과학적 설명가설의 생성과정 분석: 과학적 가설의 정의와 특성을 중심으로」. 『한국과학교육학회지』, 20(4), 667-679.

박종원(2002). 「학생 개념체계의 연속적 세련화와 정교화를 통한 개념 변화 분석: 이론적 논의를 중심으로」. 『한국과학교육학회지』, 22(2), 357-377.

박지연 · 이경호(2004). 「과학개념변화 연구에서 학생의 개념에 대한 이해: 오개념(misconception)에서 정신모형(metal model)까지」. 『한국과학교육학회지』, 24, 621-637.

박지연 · 이경호 · 신종호 · 송상호(2006). 「과학수업 후 변하는 것과 변하지 않는 것: 정신모형 이론을 중심으로 한 고등학생의 원운동 개념변화 사례 분석」. 『한국과학교육학회지』, 26(4), 475-491.

박지은 · 이선경(2007). 「중학생의 힘의 개념변화 사례 연구: 개념생태적 접근」. 『한국과학교육학회지』, 27(7), 592-608.

박현정 · 김찬종(1997). 「초등학교 학생들의 빛에 대한 개념과 달의 위상 변화 개념 사이의 관련성: 개념 생태학적 접근」. 『한국초등과학교육학회지』, 16(1), 173-187.

박현주 · 이선경(1999). 「과학교육연구에서 정성적 연구방법과 정량적 연구방법」. 미간행 원자료.

서울대학교 교육연구소(1994). 『교육학 용어사전』.

소원주(1998). 『과학교사의 과학철학적 관점과 과학 서술 방식이 중학생들의 과학관의 변화에 미치는 영향』. 한국교원대학교 박사학위논문.

송현미(1999). 『생물 존재 필요성에 대한 중학생의 개념 생태 특징』. 한국교원대학교 석사학위논문.

신현정(2011). 『개념과 범주적 사고』. 학지사.

오원근(1998). 『비일상적 상황의 무중력과 상대성이 도입된 구조화된 대비활동을 통한 중학생의 힘과 운동 개념 변화』. 서울대학교 박사학위논문.

오준영(2006). 『천문 현상들을 설명하는 예비 초등 교사들의 정신모형에 관한 연

구: Vosniadou의 이론적인 틀 중심』. 부산대학교 박사학위논문.

웽어, 에티엔(2007). 『실천공동체』. 손민호 · 배을규 옮김. 학지사.

이규호 · 권병두(2010). 「지구과학적 현상의 특성을 고려한 추론 중심 탐구수업 모형 제안」. 『한국지과학교육학회지』, 31(2), 185-202.

이명숙(1998). 「구성주의의 심리학적 근거」. 김종문 외 13인 공저. 『구성주의 교육학』(pp.35-61). 교육과학사.

이선경 · 김우희(1995). 「열의 오개념 교정을 위한 과학사의 도입에 관한 연구」. 『한국과학교육학회지』, 15(3), 275-283.

조용환(1998). 『질적 연구와 양적 연구. 교육에서의 질적 연구』, 이용숙 · 김영천 편. 교육과학사.

조인영(2000). 『기체 분자 운동론에 관한 고등 학생의 선개념 체계 유형에 따른 개념 변화 학습 과정의 특성』. 한국교원대학교 박사학위논문.

조인영 · 박현주 · 최병순(1999). 「기체분자운동론에 대한 고등학생들의 개념 및 개념유형」. 『대한화학회지』, 43(6), 699-706.

차머스, 앨런(1985). 『현대의 과학철학』. 신일철 · 신중섭 옮김. 서광사.

한승희(2005). 「과학적 사고와 서사적 사고의 교육적 의미: 과학적 사고와 서사적 사고에서 추론과 정서」. 『교육과정연구』, 23(2), 39-64.

허남영(2007). 『물리교사가 교수상황에서 경험하는 과학개념 변화』. 서울대학교 박사학위논문.

Ahn, W. & Kalish, C. (2000). "The role of mechanism beliefs in causal reasoning." In F.C. Keil & R.A. Wilson (Eds.). *Explanation and Cognition* (pp.199-226). Cambridge, MA: MIT Press.

Atwater, M.M. (1996). "Social constructivism: Infusion into the multicultural science education research agenda." *Journal of Research in Science Teaching*, 33(8), 821-837.

Ausubel, D.P. (1968). *Educational Psychology: A Cognitive View*. NY: Holt, Rinehart and Winston.

Ausubel, D., Novak, J., & Hanesian, H. (1978). *Educational Psychology: A Cognitive View* (2nd ed.). NY: Holt, Rinehart and Winston.

Ball, D.L. (1996). "Teacher learning and the mathematics reforms: What we think we know and what we need to learn." *Phi Delta Kappan,* 77(7), 500-508.

Baram-Tsabari, A. & Yarden, A. (2005). "Text genre as a factor in the formation of scientific literacy." *Journal of Research in Science Teaching,* 42(4), 403-428.

Barlia, L. & Beeth, M.E. (1999). "High school students' motivation to engage in conceptual change learning in science." Paper presented at the meeting of the National Association for Research in Science Teaching. Boston, MA.

Barsalou, L.W., Simmons, W.K., Barbey, A.K., & Wilson, C.D. (2003). "Grounding conceptual knowledge in modality-specific systems." *Trends in Cognitive Sciences,* 7, 84-91.

Beeth, M.E. (1993). "Dynamic aspects of conceptual change instruction." Unpublished doctoral thesis. University of Wisconsin-Madison.

Brem, S.K., Ranney, M., & Schindel, J. (2003). "Perceived consequences of evolution: College students perceive negative personal and social impact in evolutionary theory." *Science Education*, 87, 181-206.

Brewer, W.F., Chinn, C.A., & Samarapungavan, A. (2000). "Explanation in scientists and children." In F. Keil & R. Wilson (Eds.). *Explanation and Cognition*. Cambridge, MA: The MIT Press.

Bruner, J.S. (1986). *Actual Minds, Possible Worlds*. Cambridge, MA: Harvard University Press.

Bullivant, B.M (1989). "Culture: Its nature and meaning for education." In J. Banks & C. McGee Banks (Eds.). *Multicultural Education: Issues and Perspectives* (pp.27-48). Boston: Allyn & Bacon.

Carey, S. (1985). *Conceptual Change in Childhood.* Cambridge, MA: MIT Press.

Carey, S. (1986). "Cognitive science and science education." *American Psychologies*, 1, 1123-1130.

Carey, S. (1988). "Reorganization of knowledge in the course of acquisition." In S. Strauss (Ed.). *Ontology, Phylogeny, and Historical Development* (Norwood, NJ: Ablex), 1-27.

Cartwright, H. (1970). "Quantities." *Philosophical Review*, 79, 25-42.

Chi, M.T.H. (1992). "Conceptual change within and across ontological categories: Example from learning and discovery in science." In R. Girer (Ed.). *Cognitive Models of Science: Minnesota Studies on the Philosophy of Science* (pp.126-160). Minneapolis, MN: University of Minnesota Press.

Chi, M.T.H., Slotta, D., & de Leeuw, N. (1994). "From things to processes: A theory of conceptual change for learning science concepts." *Learning and Instruction*, 4, 27-43.

Cobern, W.W. (1993). "Contextual constructivism: The impact of culture on the learning and teaching of science." In K.G. Tobin (Ed.). *The Practice of Constructivism in Science Education* (pp.51-69). Hillsdale, NJ: Lawrence Erlbaum Associations, Inc.

Cobern, W.W. (1996). "Constructivism and non-western science education research." *International Journal of Science Education*, 18(3), 295-310.

Coll, R.K. & Treagust, D.F. (2003). "Learnings' mental models of metallic bonding: A cross-age study." *Science Education*, 87(5), 685-707.

Darden, L. (1991). *Theory Change in Science: Strategies from Mendelian Genetics*. NY: Oxford University Press.

Dawson, C. & Rowell, J. (1987). "The use of data in problem solving: The whys, whens and wherefores." *Research in Science Education*, 17, 1-10.

De Jong, O., Acampo, J., & Verdonk, A. (1995). "Problems in teaching the topic of redox reactions: Actions and conceptions of chemistry teachers." *Journal of Research in Science Teaching*, 32(10), 1097-1110.

DeLoache, J.S., Miller, K.F., & Pierroutsakos, S.L. (1998). "Reasoning and problem solving." In D. Kuhn & R.S. Siegler (Eds.). *Handbook of Child*

Psychology (vol. 2): Cognition, Perception, and Language (pp.801-850). NY: Wiley.

Demasters, S.S., Good, R.G., & Peebles, P. (1995). "Students' conceptual ecologies and the process of conceptual change in evolution." *Science Educaiton*, 79, 637-666.

Dickinsom, D.K. (1987). "The development of a concept of material kind." *Science Education*, 71 (4), 615-628.

diSessa, A. (1983). "Phenomenology and the evolution of intuition." In D. Genter & A. Stevens (Eds.). *Mental Models*. London: Lawrence Erlbaum.

diSessa, A.A. (1988). "Knowledge in pieces." In G. Forman & P. Pufall (Eds.). *Constructivism in the Computer Age* (pp.49-70). Hillsdale, NJ: Lawrence Erlbaum Associates, Inc.

diSessa, A. (1993). "Towards an epistemology of physics." *Cognition and Instruction*, 10, 105-225.

diSessa, A.A. & Sherin, B.L. (1998). "What changes in conceptual change?" *International Journal of Science Education*, 20, 1155-1191.

Dixon-Krauss, L. (1996). "Vygotsky in the classroom: Mediated literacy instruction and assessment." *White Plains*. NY: Longman Publishers.

Dole, J.A. & Sinatra, G.M. (1998). "Reconceptualizing change in the cognitive construction of knowledge." *Educational Psychologist*, 33, 109-128.

Driel, J.H., De Vos, W., & Verlop, N. (1998). "Developing secondary students' conceptions of chemical reactions: The introduction of chemical equilibrium." *International Journal of Science Education*, 20(4), 379-392.

Driver, R. (1989). "Beyond appearances: The conservation of matter under physical and chemical transformations." In R. Driver, E. Guesne, & A. Tiberghien (Eds.). *Children's Ideas in Science. Milton Keynes*, UK: Open University Press.

Driver, R., Asoko, H., Leach, J., Mortimer, E., & Scott, P. (1994). "Constructing scientific knowledge in the classroom." *Educational Researcher*, 23(7), 5-12.

Driver, R. & Easley, J. (1978). "Pupils and paradigms: A review of literature related to concept development in adolescent science students." *Studies in Science Education*, 5, 61-84.

Driver, R. & Erickson, G. (1983). "Theories-in-action: Some theoretical and empirical issues in the study of srudents' conceptual frameworks in science." *Studies in Science Education*, 10, 37-60.

Driver, R., Guesnes, E., & Tiberghien, A. (1985). *Children's Ideas in Science*. Philadelphia: Open University Press.

Driver, R., Newton, P., & Osborne, J. (2000). "Establishing the norms of scientific argumentation in classrooms." *Science Education*, 84, 287-312.

Driver, R. & Oldham, V. (1986). "A constructivist approach to curriculum development in science." *Studies in Science Education*, 13, 105-122.

Duit, R. (1991). "Students' conceptual framework: Consequences for learning science." In S.M. Glynn, R.H. Yeany, & B.K. Britton (Eds.). *The Psychology of Learning Science* (pp.65-85). Hillsdale, NJ: Lawrence Erlbaum Associates.

Duschl, R.A. & Gitomer, D.H. (1991). "Epistemological perspectives on conceptual change: Implications for educational practice." *Journal of Research in Science Teaching*, 28, 839-858.

Eylon, B.-S. & Linn, M.C. (1988). "Learning and instruction: An examination of four research perspectives in science education." *Review of Educational Research*, 58(3), 251-301.

Flach, P.A. & Kakas, A.C. (2000). "Abductive and inductive reasoning: Background and issues." In P.A. Flach & A.C. Kakas (Eds.). *Abduction and Induction: Essays on Their Relation and Integration* (pp.1-27). Dordrecht/Boston/London: Kluwer Academic Publishers.

Flavell, J.H. (1976). "Metacognitive aspects of problem solving." In L.B. Resnick (Ed.). *The Nature of Intelligence*. Hillsdale, NJ: Lawrence Erlbaum Associates.

Fodor, J.A. (1975). *The Language of Thought*. Cambridge, MA: Harvard University

Press.

Fosnot, C. (1989). *Enquiring Teachers, Enquiring Learners: A Constructivist Approach for Teaching*. NY: Columbia University Teachers College.

Franco, C., de Barros, H.L., Colinvaux, D., Krapas, S., Queiroz, G., & Alves, F. (1999). "From scientists' and inventors' minds to some scientific and technological products: Relationships between theories, models, mental models and conceptions." *International Journal of Science Education*, 21(3), 277-291.

Franco, C. & Colinvaux, D. (2000). "Grasping mental models." In J.K. Gilbert & C.J. Boulter (Eds.). *Developing Models in Science Education* (pp.93-118). Dordrecht: Kluwer.

Gauld, C. (1986). "Model, meters and memory." *Research in Science Education,* 16, 49-54.

Geelan, D.R. (1997). "Epistemological anarchy and the many forms of constructivism." *Science & Education*, 6, 15-28.

Gergen, K.J. (1995). "Social construction and the education process." In L.P. Steffe & J. Gale (Eds.). *Constructivism in Education* (pp.17-40). Hillsdale, NJ: Lawrence Erlbaum Associates.

Gess-Newsome, J. (1999). "Secondary teachers' knowledge and beliefs about subject matter and their impact on instruction." In J. Gess-Newsome & N.G. Lederman (Eds.). *Examining Pedagogical Content Knowledge: the Construct and Its Implications for Science Education* (pp.51-94). Netherlands: Kluwer Academic Publisher.

Gibson, J.J. (1979). *The Ecological Approach to Visual Perception*. Boston, MA: Houghton Mifflin.

Giere, R.N. (1991). *Understanding Scientific Reasoning* (3rd ed.). Forth Worth, TX: Holt.

Gilbert, J.K. & Boulter, C.J. (1998). "Learning science through models and modelling." In B.J. Fraser & K.G. Tobin (Eds.). *International Handbook of*

Science Education (pp. 53-66). Kluwer Academic Publishers BV, Dordrecht: The Netherlands.

Gilbert, J.K. & Swift, D.J. (1985). "Towards a Lakatosian analysis of the Piagetian and alternative conceptions research programs." *Science Education*, 69(5), 681-696.

Girotto, V. & Light, P. (1993). "The pragmatic basis of children's reasoning." In P. Light & G. Butterworth (Eds.). *Context and Cognition: Ways of Learning and Knowing*. Hillsdale, NJ: Lawrence Erlbaum.

Greeno, J.G., Collins, A.M., & Resnick, L.B. (1996). "Cognition and learning." In D.C. Berliner & R.C. Calfee (Eds.). *Handbook of Educational Psychology* (pp. 15-46). NY: Macmillan Library Reference.

Gustason, W. (1994). *Reasoning from Evidence: Inductive Logic*. NY: Macmillan College Publishers.

Gunstone, R.F. (1994). "The importance of specific science content in the enhancement of metacognition." In P. Fensham, R. Gunstone, & R. White (Eds.). *The Content of Science: A Constructivist Approach to Its Teaching and Learning* (pp.131-146). London: Falmer Press.

Gunstone, R.F. & Mitchell, I.J. (1998). "Our meanings for conceptual change and metacognition." In J.J. Mintzes, J.H. Wandersee, & J.D. Novak (Eds.). *Teaching Science for Understanding* (pp.29-58). San Diego, California: Academic Press.

Gunstone, R.F. & Northfield, J. (1992). "Conceptual change in teacher education: The centrality of metacognition." Paper presented at the annual meeting of the American Educational Research Association. San Francisco, CA.

Gutierrez, K., Baquedo-Lopez, P.L., Tejeda, C., & Rivera, A. (1999). "Hybridity as a tool for understanding literacy learning: Building on the syncretic approach." Paper presented at the annual meeting of the American Educational Research Association, Montreal, Quebec, Canada.

Hafner, R. & Stewart, J. (1995). "Revising explanatory models to accommodate anomalous genetic phenomena: problem solving in the 'context of discovery'." *Science Education*, 79(2), 111-146.

Hanson, N.R. (1958). *Patterns of Discovery*. London: Cambridge University Press.

Harrison, A.G., Grayson, D.J., & Treagust, D.F. (1999). "Investigating a grade 11 student's evolving conceptions of heat and temperature." *Journal of Research in Science Teaching*, 36(1), 55-87.

Harrison, A.G. & Treagust, D.F. (1996). "Secondary students' mental models of atoms and molecules: Implications for teaching chemistry." *Science Education*, 80(5), 509-534.

Hashweh, M.Z. (1986). "Toward an explanation of conceptual change." *European Journal of Science Education*, 8, 229-249.

Heath, S.B. (1983). *Ways with Words*. NY: Cambridge University Press.

Hennessey, M.G. & Beeth, M.E. (1993). "Students' reflective thoughts about science content: A relationship to conceptual change learning." Paper presented at the annual meeting of the American Educational Research Association, Atlanta, Georgia.

Hesse, J.J. III. & Anderson, C.W. (1992). "Students' conceptions of chemical change." *Journal of Research in Science Teaching*, 29, 277-299.

Hewson, M.G. A'B. & Hamlyn, D. (1984). "The influence of intellectual environment on conceptions of heat." *European Journal of Science Education*, 6(3), 245-262.

Hewson, P.W. (1981). "A conceptual change approach to learning science." *European Journal of Science Education*, 3, 383-396.

Hewson, P.W. (1982). "A case study of conceptual change in special relativity: The influence of prior knowledge in learning." *European Journal of Science Education*, 4, 61-78.

Hewson, P.W. (1985). "Epistemological commitments in the learning of science: Examples from dynamics." *European Journal of Science Education*, 7(2), 163-172.

Hewson, P.W., Beeth, M.E., & Thorley, N.R. (1998). "Teaching for conceptual change." In K.G. Tobin & B.J. Fraser (Eds.). *International Handbook of Science Education* (pp.199-218). Dordrecht, The Netherlands: Kluwer Academic Publishers.

Hewson, P.W. & Hennessey, M.G. (1991). "Making status explicit: A case study of conceptual change." In R. Duit, F. Goldberg, & H. Niedderer (Eds.). *Research in Physics Learning: Theoretical Issues and Empirical Studies* (pp.176-187). Kiel, Germany: IPN.

Hewson, P.W. & Hewson, M.G. A'B. (1984). "The role of conceptual conflict in conceptual change and the design of science instruction." *Instructional Science*, 13, 1-13.

Hewson, P.W. & Hewson, M.G. A'B. (1988). "An appropriate conception of teaching science: A view from studies of science learning." *Science Education*, 72, 597-614.

Hewson, P.W. & Hewson, M.G. A'B. (1992). "The status of students' conceptions." In R. Duit, F. Goldberg, & H. Niedderer (Eds.). *Research in Physics Learning: Theoretical Issues and Empirical Sstudies* (pp.59-73). Kiel, Germany: IPN.

Hewson, P.W., Tabachnick, B.R., Zeichner, K.M., Blomker, K.B., Meyer, H., Lemberger, J., Marion, R., Park, H., & Toolin, R. (1999). "Educating prospective teachers of biology: Introduction and research methods." *Science Education*, 83(3), 247-273.

Hewson, P.W. & Thorley, N.R. (1989). "The conditions of conceptual change in the classroom." *International Journal of Science Education*, 11, 541-553.

Hodson, D. (2009). *Teaching and Learning About Science*. The Netherlands: Sense Publishers.

Hulland, C. & Munby, H. (1994). "Science, stories, and sense-making: A comparison of qualitative data from a Wetlands Unit." *Science Education*, 78(2),

117-136.

Jones, B., Lynch, P.P., & Reesink, C. (1989). "Children's understanding of the notions of solid and liquid in relation to some common substances." *International Journal of Science Education*, 11(4), 417-427.

Johnson-Laird, P.N. (1983). *Mental Models*. Cambridge, MA: Harvard University Press.

Johnson, P. & Gott, R. (1996). "Constructivism and evidence from children's ideas." *Science Education*, 80(5), 561-577.

Jung, S. (1996). *The Logic of Discovery: An Interrogative Approach to Scientific Inquiry.* NY: Peter Lang.

Jungck, J. (1985). "An overture: A problem posing approach to biology education." *The American Biology Teacher*, 47(5), 264-266.

Klausmeier, H.J. (1990). "Conceptualizing." In B.F. Jones & L. Idol (Eds.). *Dimensions of Thinking and Cognitive Instruction* (pp.93-138). Hillsdale, NJ: Lawrence Erlbaum Associates, Publishers.

Krnel, D., Watson R., & Glažar, S.A. (1998). "Survey of research related to the development of the concept of 'matter'." *International Journal of Science Education*, 20(3), 257-289.

Kuhn, D. (1992). "Thinking as argument." *Havard Educational Review*, 62(2), 155-178.

Kuhn, T.S. (1970). *The Structure of Scientific Revolutions*. Chicago: University of Chicago Press.

Kuhn, D., Amsel, E., & O'Loughlin, M. (1988). *The Development of Scientific Thinking Skill*. San Diego, CA: Academic Press.

Kunda, Z., Millar, D., & Clarie, T. (1990). "Combining social concepts: The role of causal reasoning." *Cognitive Science*, 14, 551-577.

Lakatos, I. (1970). "Falsification and the methodology of scientific research programmes." In I. Lakatos & A. Musgrave (Eds.). *Criticism and the Growth of*

Knowledge. Cambridge: Cambridge University Press.

Larkin, D. (2012). "Misconceptions about "misconceptions": Preservice secondary science teachers' views on the value and role of student ideas." *Science Education*, 96, 927-959.

Larochelle, M. & Desautels, J. (1991). "The epistemological turn in science education: The return of the actor." In R. Duit, F. Goldberg, & H. Niedderer (Eds.). *Research in Physics Learning: Theoretical Issues and Empirical Studies* (pp. 155-175). Kiel, Germany: IPN.

Laudan, L. (1977). *Progress and Its Problems*. Berkeley: University of California Press.

Laudan, L. (1984). *Science and Values: The Aims of Science and Their Role in Scientific Debate*. Berkeley: University of California Press.

Lawson, A.E. (1986). "Integrating research on misconceptions, reasoning patterns and three types of learning cycle." Paper presented at the United State-Japan Seminar on Science Education. East-West Center, University of Hawaii, Honolulu, Hawaii, September, 15.

Lawson, A.E. (1991). "Is Piaget's epistemic subject dead?" *Journal of Research in Science Teaching*, 28, 581-592.

Lawson, A.E. (2000). "How do humans acquire knowledge? and what does that imply about the nature of knowledge?" *Science & Education*, 9, 577-598.

Lawson, A.E. (2004). "T. rex, the crater of doom, and the nature of scientific discovery." *Science & Education*, 13, 155-177.

Lee, O., Eichinger, D.C., Anderson, C.W., Berkheimer, G.D., & Blakeslee, T. D. (1993). "Changing middle school students' conceptions of matter and molecules." *Journal of Research in Science Teaching*, 30(3), 249-270.

Lemberger, J. (1995). "The relationship between a model-building problem-solving classroom and conceptual change learning." Unpublished doctoral thesis. University of Wisconsin-Madison.

Lemberger, J. & Park, H. (1994). "Model-building problem solving and The CCM." unpublished raw data.

Lemke, J.L. (1990). *Talking Science: Language, Learning, and Values*. Norwood, NJ: Ablex.

Lemke, J.L. (1998). "Multiplying meaning: visual and verbal semiotics in scientific text." In J. Martin & R. Veel (Eds.). *Reading Science*. London: Routledge.

Lesh, R., Landau, M., & Hamilton, E. (1983). "Conceptual models in applied mathematical problem solving." In R. Lesh & M. Landau (Eds.). *Acquisition of Mathematics Concepts and Processes*. NY: Academic Press.

Linn, M. & Burbules, N. (1993). "Construction of knowledge and group learning." In K. Tobin (Ed.). *Practice of Constructivism in Science Education* (pp.91-119). Washington, DC: AAAS.

Linn, R.L. & Erickson, F. (1990). *Research in Teaching and Learning(vol.2): Quantitative Methods, Qualitative Methods*. NY: McMillan Publishing Co.

Lynch, P.P. (1996). "Students' alternative frameworks for the nature of matter: A cross-cultural study linguistic and cultural interpretations." *International Journal of Science Education*, 18(6), 743-752.

Machery, E. (2009). *Doing without Concepts*. Oxford: Oxford University Press.

Magnani, L. (2001). *Abduction, Reason, and Science Process of Discovery and Explanation*. NY: Kluwer Academic/Plenum Publisher.

Magoon, A.J. (1977). "Constructivist approaches in educational research." *Review of Educational Research*, 47, 151-193.

Mariani, M.C. & Ogborn, J. (1991). "Towards an ontology of commonsense reasoning." *International Journal of Science Education*, 13(1), 69-85.

Matthew, M.R. (1994). *Science Teaching: The Role of Histroy and Philosophy of Science*, NY: Routledge.

McCaskey, T.L., Dancy, M.H., & Elby, A. (2003). "Effects on assessment caused by splits between belief and understanding." Proceedings of the Physics

Education Research Conference, Madison, WI.

McRobbie, C. & Tobin, K. (1997). "A social constructivist perspective on learning environments." *International Journal of Science Education*, 19(2), 193-208.

Mehler, J. & Dupoux, E. (1994). *What Infants Know*. London: Blackwell.

Millar, R. (1987). "Towards a role for experiment in the science teaching laboratory." *Studies in Science Education*, 14, 109-118.

Mintzes, J.J. & Wandersee, J.H. (1998). "Reform and innovation in science teaching: A human constructivist view." In J.J. Mintzes, J.H. Wandersee, & J.D. Novak (Eds.). *Teaching Science for Understanding* (pp.29-58). San Diego, California: Academic Press.

Mortimer, E.F. (1993). "The evolution of students' explanation of physical states of matter: A classroom study." CLIS research report. Leeds: University of Leeds.

Mortimer, E.F. (1995). "Conceptual change or conceptual profile change?" *Science and Education*, 4, 267-285.

Mortimer, E.F. & Scott, P.H. (2003). *Meaning Making in Secondary Science Classroom*. Maidenhead, UK: Open University Press.

Mortimer, E.F. & de Educação, F. (1998). "Multivoicedness and univocality in classroom discourse: An example from theory of matter." *International Journal of Science Education*, 20(1), 67-82.

Murphy, G.L. (2002). *The Big Book of Concepts*. Cambridge, MA: MIT Press.

Nersessian, N. (2008). "Model-based reasoning in scientific practice." In R.A. Duschl & R.E. Grandy (Eds.). *Teaching Scientific Inquiry: Recommendations for Research and Implementation* (pp.57-79). The Netherland: Sense Publishers.

Newman, D., Griffin, P., & Cole, M. (1989). *The Construction Zone: Working for Cognitive Change in School*. Cambridge: Cambridge University Press.

Novak, J.D. (1987). *Proceedings of the Second International Seminar on Misconceptions and Educational Strategies in Science and Mathematics*. NY: Cornell University,

Department of Education.

Novick, S. & Nussbaum, J. (1981). "Pupils' understanding of the particulate nature of matter: A cross-age study." *Science Education*, 65(2), 187-196.

Nussbaum, J. (1989). "Classroom conceptual change: Philosophical perspectives." *International Journal of Science Education*, 11(5), 530-540.

O'Loughlin, M. (1991). "Beyond constructivism: Toward a dialectical model of the problematics of teacher socialization." Paper presented at the Annual Meeting of the American Educational Research Association, Chicago.

Osborne, J.F. (1996). "Beyond constructivism." *Science Education*, 80(1), 53-82.

Osborne, R. & Freybery, P. (1985). *Learning in Scinece: The Implications of Children's Science*. Auckland, New Zealand: Heinemann.

Pajares, M.F. (1992). "Teachers' beliefs and educational research: Cleaning up a messy construct." *Review of Educational Research*, 62(3), 307-332.

Park, H. (1995). "A study of the components of students' conceptual ecologies." Unpublished doctoral thesis, University of Wisconsin-Madison.

Peirce, C.S. (1931-1958). *Collected Papers*. Cambridge, MA: Harvard University Press.

Peirce, C.S. (1992). *Reasoning and the Logic of Things*. Cambridge, MA: Harvard University Press.

Peterson, N.S. & Jungck, J.R. (1988). "Problem-posing, problem-solving and persuasion in biology education." *Academic Computing*, 2(6), 14-17, 48-50.

Phillips, D.C. (1995). "The good, the bad, and the ugly: The many faces of constructivism." *Educational Researcher*, 24, 5-12.

Piaget, J. (1972). *The Principles of Genetic Epistemology*. London: Routledge & Kegan Paul.

Pintrich, P.R., Max, W.M., & Boyle, R.A. (1993). "Beyond cold conceptual change: the role of motivational beliefs and classroom contextual factors in the process of conceptual change." *Review of Educational Research*, 63, 167-199.

Posner, G.J., Strike, K.A., Hewson, P.W., & Gertzog, W.A. (1982). "Accommodation of a scientific conception: Toward a theory of conceptual change." *Science Education*, 66, 211-227.

Prieto, T., Watson, J.R., & Dillon, J. (1993). "Pupils' understanding of combustion." *Research in Science Education*, 22, 331-340.

Pressley, M., Wharton-MaDonald, R., Rankin, J., El-Dinary, P., Brown, R., Afflerbach, P., Mistretta, J., & Yokoi, L. (1997). "Elementary reading instruction." In G.D. Phye (Ed.). *Handbook of Academic Learning* (pp.151-198). San Diago, California: Academic Press, Inc.

Pritchard, C.L. (2005). "Everyday and scientific thinking: How children adjust to contexts." Unpublished doctoral dissertation. University of Wisconsin-Madison.

Rief, F. & Larkin, J. (1991). "Cognition in scientific and everyday domains: Comparison and learning implications." *Journal of Research in Science Teaching*, 38, 733-760.

Ritchie, S.M. (1994). "Metaphor as a tool for constructivist science teaching." *International Journal of Science Education*, 16(3), 293-303.

Rozenblit, L. & Keil, F. (2002). "The misunderstood limits of folk science: An illusion of explanatory depth." *Cognitive Science*, 92, 1-42.

Rusanen, A.-M. (2013). "Towards to an explanation for conceptual change: A mechanistic alternative." *Science & Education*, Published online: 27 September.

Russell, T., Longden, K., & Mcguigan, L. (1991). *SPACE-Material*. Liverpool: Liverpool University Press.

Ryan, C. (1990). "Student teachers' concepts of purity and of states of matter." *Research in Science and Technological Education*, 8(2), 171-183.

Salmon, W.C. (1989). "Four decades of scientific explanation." In P. Kitcher & W. C. Salmon (Eds.). *Scientific Explanation* (Minnesota Studies in the Philosophy of Science, vol. XIII) (pp.3-219). Minneapolis: University of Minnesota Press.

Saxe, G. (1992). "Studying children's learning in the context: Problems and prospects." *The Journal of the Learning Sciences*, 2(2), 215-234.

Schwab, J.J. & Brandwein, P.F. (1962). *The Teaching of Science as Enquiry*. Cambridge: Harvard University Press.

Scott, P. (1987). *A Constructivist View of Learning and Teaching in Science*. Leeds, UK: Children's learning in science project, University of Leeds.

Scribner, S. (1986). "Thinking in action: Some characteristics of practical thought." In R.J. Sternberg & R. Wagner (Eds.). *Practical Intelligence* (pp.13-30). Cambridge: Cambrideg University Press.

Sebeok, T.A. & Umiker-Sebeok, J. (1983). "You know my method: A juxtaposition of Charles C. Peirce and Sherlock Holmes." In U. Eco & T.A. Sebeok (Eds.). *The Sign of Three: Dupin, Holmes, Peirce* (pp.11-54). Bloomington: Indiana University Press.

Sehlley, C.P. (1996). "Visual abductive reasoning in archaeology." *Philosophy of Science*, 63, 278-301.

Sequrie, M. & Leite, L. (1991). "Alternative conceptions and history of science in physics teacher education." *Science Education*, 75(1), 45-56.

Sere, M.G. (1986). "Children's conceptions of the gaseous state prior to teaching." *European Journal of Science Education*, 8(4), 413-425.

Sere, M.G. (1991). "Learning by giving and receiving explanations." In R. Duit, F. Goldberg, & H. Niedderer (Eds.). Proceedings of International Workshop: Research in Physics Learning, Theoretical Issues and Emotional Studies. Kiel, Germany: Inst. fuer die Pedagogik der Naturwissenschaften an der Universität, Kiel.

Shade, B.J. & New, C.A. (1993). "Cultural influences on learning: Teaching implications." In J.A. Banks & C.A.M. Banks (Eds.). *Multicultural Education: Issues and Perspectives* (pp.317-333). Boston: Allyn & Bacon.

Slotta, J.D., Chi, M.T., & Joram, E. (1995). "Assessing students' misclassifications of physics concepts: An ontological basis for conceptual change." *Cognition and*

Instruction, 13(3), 373-400.

Smith, E. (1989). "Concepts and induction. In M. Posner (Eds.). *Foundations of Cognitive Science* (pp.501-526). Cambridge, MA: MIT Press.

Smith, C., Carey, S., & Wiser, M. (1985). "On differentiation: A case of the development of the concept of size, weight, and density." *Cognition*, 21, 177-237.

Smith, J.P., diSessa, A.A., & Roschelle, J. (1993). "Misconceptions reconceived: a constructivist analysis of knowledge in transition." *The Journal of the Learning Science*, 3(2), 115-163.

Staver, J.R. (1998). "Constructivism: Sound theory for explicating the practice of science and science teaching." *Journal of Research in Science Teaching*, 35(5), 501-520.

Stavy, R. (1991a). "Using analogy to overcome misconceptions about conservation of matter." *Journal of Research in Science Teaching*, 28(4), 305-313.

Stavy, R. (1991b). "Children's ideas about matter." *School Science and Mathematics*, 91(6), 240-244.

Stavy, R. & Stachel, D. (1985). "Children's ideas about solid and liquid." *European Journal of Science Education*, 7, 407-421.

Stewart, J. (1988). "Potential learning outcomes from solving genetics problems: A typology of problems." *Science Education*, 72(2), 237-254.

Stewart, J. & Dale, M. (1981). "Solutions to genetics problems: Are they the same as correct answers?" *The Australian Science Teacher's Journal*, 27, 59-64.

Stewart, J. & Hafner, R. (1991). "Extending the conception of "problem" in problem-solving research." *Science Education*, 75(1), 105-120.

Stewart, J., Hafner, R., & Dale, M. (1990). "Students' alternative views of meiosis." *The American Biology Teacher*, 52(4), 228-232.

Stewart, J. & Van Kirk, J. (1990). "Understanding and problem solving in classical genetics." *International Journal of Science Education*, 12, 575-588.

Strike. K.A. & Posner, G.J. (1985). "A conceptual change view of learning and understanding." In L.H.T. West & A.L. Pines (Eds.). *Cognitive Structure and Conceptual Change* (pp. 211-231). Orlando, FL: Academic Press.

Strike. K.A. & Posner, G.J. (1992). "A revisionist theory of conceptual change." In R.A. Duschl & R.J. Hamilton (Eds.). *Philosophy of Science, Cognitive Psychology, and Educational Theory and Practice* (pp.147-176). Albany, NY: State University of New York Press.

Taber, K.S. (2003). "Mediating mental models of metals: Acknowledging the priority of the learner's prior learning." *Science Education*, 87(5), 732-758.

Thagard, P. (1988). *Computational Philosophy of Science*. Cambridge, MA: MIT Press.

Thagard, P. (1992). *Conceptual Revolutions*. Princeton, NJ: Princeton University Press.

Thagard, P. (1999). *How Scientists Explain Disease*. Princeton, NJ: Princeton University Press.

Thagard, P. (2000). *Coherence in Thought and Action*. Cambridge, MA: MIT Press.

Thagard, P. (2005). *Mind: Imtroduction to Cognitive Science* (2nd ed.). Cambridge, MA: MIT Press.

Thagard, P. (2006). *Hot Thought: Mechanisms and Applications of Emotional Cognition*. Cambridge, MA: MIT Press.

Thagard, P. (2007). "Abductive inference: From philosophical analysis to neural mechanisms." In A. Feeney & E. Heit (Eds.). *Inductive Reasoning: Experimental, Developmental, and Computational Approaches* (pp.226-247). Cambridge: Cambridge University Press.

Thagard, P. (2010). *The Brain and the Meaning of Life*. Princeton, NJ: Princeton University Press.

Thagard, P. (2011). "Critical thinking and informal logic: Neuropsychological perspectives." *Informal Logic*, 31, 152-170.

Thagard, P. & Shelley, C.P. (1997). "Abductive reasoning: Logic, visual thinking, and coherence." In M.L. Dalla Chiara, K. Doets, D. Mundici, & J. van Benthem (Eds.). *Logic and Scientific Methods* (pp.413-427). Dordrecht: Kluwer.

Thorley, N.R. (1990). "The role of the conceptual change model in the interpretation classroom interactions." Unpublished doctoral thesis, University of Wisconsin-Madison.

Toulmin, S. (1972). *Human Understanding*. Vol. 1. NJ: Princeton University Press.

Tudge, J. & Rogoff, B. (1989). "Peer influences on cognitive developmentL Piagetian and Vygotskian perspectives." In M.H. Bornstein & I.S. Bruner (Eds.). *Interaction in Human Devlopment* (pp.17-40). Hillsdale, NJ: Lawrence Erlbaum.

Tudge, J. & Winterhoff, P. (1993). "Vygotsky, Piaget, and Bandura: Perspectives on the relations between the social world and cognitive development." *Human Development*, 36, 61-81.

Tweney, R.D. (1991). "Informal reasoning in science." In J.F. Voss, D.N. Perkins, & J.W. Segal (Eds.). *Informal Reasoning and Education* (pp.3-16). Hillsdale, NJ: Lawrence Erlbaum.

Tyson, L.M., Venville, G.J., & Harrison, A.G. (1997). "A multidimensional framework for interpreting conceptual change events in the classroom." *Science Education*, 81, 387-403.

Vogelezang, M.J. (1987). "Development of the concept 'chemical substance'-some thoughts and arguments." *International Journal of Science Education*, 9(5), 519-528.

von Glasersfeld, E. (1989). *Cognition, Construction of Knowledge, and Teaching. Synthese*, 80(1), 121-140.

von Glasersfeld, E. (1991). "A constructivist's view of learning and teaching." In R. Duit, F. Goldberg, & H. Niedderer (Eds.). *Research in Physics Learning: Theoretical Issues and Empirical Studies* (pp.29-39). Kiel, Germany: IPN.

Vosniadou, S. (1994). "Capturing and modeling the process of conceptual change." *Learning and Instruction*, 4, 45-69.

Vosniadou, S. & Brewer, W.F. (1992). "Mental models of the earth: A study of conceptual change in childhood." *Cognitive Psychology*, 24, 535-585.

Vosniadou, S. & Ioannides, C. (1998). "From conceptual development to science education: A psychological point of view." *International Journal of Science Educaiton*, 20, 1213-1230.

Vygotsky, L.S. (1962). *Thought and Language*. Cambridge, MA: Harvard University Press.

Vygotsky, L.S. (1978). *Mind in Society: The Development of Higher Psychological Process*. Cambridge, MA: Harvard University Press.

Watson, J.R., Prieto, T., & Dillon, J.S. (1997). "Consistency of students' explanations about combustion." *Science Education*, 81(4), 425-443.

Watts, D.M. & Zylbersztajn, A. (1981). "A Survey of Some Children's Ideas about Force." *Physics Education*, 15, 360-365.

Wendel, W.B. (2002). "Mixed signals: Rational choice theories of social norms and the pragmatics of explanation." *Indiana Law Journal*, 77(1), 1-62.

West, L.H.T. & Pines, A.L. (1985). *Cognitive Structure and Conceptual Change*. Orlando, Florida: Academic Press.

Wheatley, G.H. (1991). "Constructivist perspectives on science and mathematics learning." *Science Education*, 75, 9-21.

White, R.T. & Gunstone, R.F. (1989). "Metalearning and conceptual change." *International Journal of Science Education*, 11, 577-586.

Wilson, R.A. & Keil, F.C. (2000). "The shadows and shallows of explanation." In F.C. Keil & R.A. Wilson (Eds.). *Explanation and Cognition* (pp.87-114). Cambridge, MA: MIT Press.

Wimsatt, W.C. (1987). "False models as means to truer theories." In M. Nitecki (Ed.). *Neutral Models in Biology*. London: Oxford University Press.

Wittgenstein, L. (1968). *Philosophical Investigations* (2nd ed., G.E.M. Anscombe, trans.). Oxford: Blackwell.

Wu, L.L. & Barsalou, L.W. (2009). "Perceptual simulation in conceptual combination: Evidence from property generation." *Acta Psychologica*, 132, 173-189.

찾아보기

Abstract

Conceptual Change in Learning Science

Sun-Kyung Lee

On the basis of constructivism, research on conceptual change in science education has been increased. The purpose of this book is to identify some key ideas in conceptual change for learning science by reviewing the numerous influential reports, research papers, and academic documents which gave much emphasis on the importance of conceptual change in learning science. This book discusses how the research traditions of conceptual change have been proposed, expanded and elaborated.